Nicola Amato

Storia della Crittografia Classica

Lo straordinario percorso storico dei sistemi crittografici dagli albori della civiltà sino al secondo dopoguerra

Casa Editrice:
Amazon Independently Published

Nuova edizione riveduta a marzo 2022

Sommario

Introduzione

Quello che vado a presentarvi è un'opera che racchiude in sé tutta la storia della crittografia, dagli albori delle società evolute risalenti a migliaia di anni fa sino al secondo dopoguerra.

Questo è un libro i cui contenuti esulano deliberatamente dalle profonde analisi tecniche e specifiche, che possono essere tranquillamente approfondite in altra sede, ad esempio tramite specifici manuali tecnici. Il motivo di questa scelta è basato sulla volontà di lasciare spazio, oltre che al percorso storico della crittografia, anche ai loro concetti basilari che, essendo espressi in maniera semplificata, possono essere letti e compresi, senza problemi di sorta, da una vasta audience che va dai ragazzi in età adolescenziale sino alle persone più adulte che, anche se poco consone all'utilizzo delle tecnologie informatiche, vogliono comunque comprendere il funzionamento della crittografia senza perderne di vista i concetti basilari.

Ovviamente, questo è un libro che si addice ottimamente a tutti quegli studenti che intendono studiare i concetti fondamentali della crittografia, senza entrare necessariamente nello specifico tecnico-matematico della materia. È molto indicato inoltre per coloro i quali desiderano affrontare tutto il percorso storico della crittografia e le sue evoluzioni, analizzando tutti i sistemi crittografici che si sono avvicendati nel corso della storia, per capirne i meccanismi intrinseci e comprendere meglio le tecniche crittografiche dell'era contemporanea, che ovviamente non trovano spazio in questo testo perché i nuovi sistemi sono basati su concetti matematici che, come abbiamo detto, esulano dal contesto di questo libro.

Le varie tecniche crittografiche che si sono sviluppate nel corso degli anni vengono spiegate in maniera semplice e intuitiva; vengono inoltre forniti di volta in volta dei validi esempi grafici per ogni sistema crittografico presentato per capirne il meccanismo del suo funzionamento. Alla fine di questo viaggio entusiasmante, sarete in grado di applicare con efficacia tutti i maggiori sistemi crittografici del passato.

Questo testo è strutturato in modo tale da portare il lettore pian piano dentro il mondo della crittografia.

Inizia con la prima parte riguardante i concetti fondamentali della crittografia, che costituiscono gli elementi necessari e propedeutici al percorso storico che seguirà, per meglio comprendere i vari sistemi crittografici che verranno analizzati. Infatti, comprendere bene cos'è la crittografia e quali sono le tecniche crittografiche fondamentali odierne, rappresentano la base concettuale per capire meglio tutte le tecniche utilizzate in passato ed il loro funzionamento specifico.

La seconda parte, poi, è totalmente dedicata alla storia della crittografia e dei vari sistemi di scrittura occulta che sono stati adottati nel corso del tempo. Essa è suddivisa in fasce temporali, che comprendono i periodi antico, medievale, rinascimentale, moderno, le due guerre mondiali, durante le quali sono esplicate con esempi le varie tecniche crittografiche che sono state utilizzate in passato.

Si tratta, in definitiva, di un viaggio entusiasmante alla scoperta dei segreti intriganti delle tecniche crittografiche utilizzate nel corso della storia.

Non mi rimane altro a questo punto che ringraziarvi per avermi ancora una volta seguito in questa mia nuova avventura letteraria.

Buona lettura, anzi, buon viaggio.

Nicola Amato

Parte Prima

I concetti fondamentali della crittografia

Prima di avventurarci nel percorso storico della crittografia, è opportuno andare a vedere brevemente che cos'è la crittografia e quali sono i concetti fondamentali su cui essa si basa. Questa propedeuticità si rende necessaria al fine di comprendere meglio le tecniche crittografiche che verranno descritte successivamente, per riuscire in questo modo ad affrontarle con cognizione di causa durante tutto l'excursus storico che sarà davvero affascinante e intrigante.

Come è stato già affermato nella fase introduttiva di questo libro, le nozioni che seguiranno in questa prima parte non entreranno nello specifico del funzionamento matematico della crittografia, anche perché questo non è un manuale prettamente tecnico, bensì un libro storico-concettuale con tanti esempi pratici sulle tecniche crittografiche utilizzate in passato.

Verranno dunque espressi i concetti della crittografia in maniera basilare, ma soprattutto saranno trattati chiaramente, questo per poter essere accessibili a tutti i lettori; anche perché, l'intento di questo libro non è quello di spiegare i meccanismi matematici della crittografia, quanto piuttosto quello di narrare come la crittografia si sia evoluta storicamente e spiegare molto semplicemente, e con tanti esempi grafici, come i singoli sistemi crittografici funzionavano nello specifico.

1. Che cos'è la crittografia

Dalle origini ad oggi, l'evoluzione delle tecniche di occultamento del significato e del contenuto delle informazioni è sempre stata di vitale importanza per la salvaguardia delle società che si sono avvicendate. Non solo, la crittografia, perché è di questo che si parla, nell'antichità è avanzata sempre di pari passo con l'evoluzione dei sistemi di scrittura, e in età contemporanea con le scoperte scientifiche e con l'evoluzione dei computer.

Il problema di scambiarsi informazioni private che risultino poi essere indecifrabili da terze persone è più che mai attuale, quindi. Per molti secoli la crittografia è stata associata, per la maggior parte delle volte, ad aspetti relativi alla salvaguardia delle informazioni di tipo bellico, ed anche fino a pochi decenni fa veniva utilizzata soprattutto in ambito militare e governativo.

Al giorno d'oggi, però, ciascuno di noi ne fa uso quotidianamente, anche se spesso lo fa inconsapevolmente. Azioni che compiamo ogni giorno, come utilizzare il cellulare, aprire l'auto con il telecomando o usufruire di un bancomat, fanno sì che noi trasmettiamo delle informazioni che potrebbero essere captate e sfruttate a nostro svantaggio.

Per evitare che ciò accada, bisogna fare in modo che anche se una potenziale terza persona dovesse intercettare il messaggio, questo gli appaia incomprensibile. Lo stesso ricevente, avrà quindi la certezza che, non solo le informazioni siano rimaste segrete, ma potrà anche essere certo che tali dati non siano stati manomessi da terze persone.

La crittografia, dunque, si occupa proprio dell'insieme dei sistemi che sono in grado di rendere incomprensibile un messaggio a chiunque ne venga in possesso, ad eccezione ovviamente del legittimo destinatario, il quale sarà in possesso di una chiave per decifrare tale messaggio.

Entriamo ora un po' più nello specifico di questo argomento che comincia a farsi interessante.

Il termine crittografia deriva dal greco antico, ed è composto dalle parole *"crypto"* che vuol dire nascondere, e da *"graphein"* che significa scrivere.

La crittografia è quindi l'arte di progettare degli algoritmi particolari, che sono in genere dei cifrari o dei procedimenti matematici per cifrare i dati, utilizzati per crittografare un messaggio rendendolo incomprensibile a tutti tranne che al suo destinatario, il quale, con un algoritmo simile, è in grado di decodificarlo attraverso un parametro segreto detto chiave, usata in precedenza anche dal mittente per la cifratura.

In pratica, il procedimento di crittografia si avvale sempre di un algoritmo per crittografare i messaggi, in modo da renderli illeggibili a chi non possiede la chiave con cui sono stati crittografati, e di un opportuno algoritmo per decriptarli.

Il dato originale viene detto *"testo in chiaro"* o *"plain text"*, mentre il dato crittografato viene detto *"testo cifrato"* o *"cipher text"*.

Si tratta in sostanza di un sistema ingegnoso, pensato per rendere illeggibile un messaggio a chi non possiede la soluzione per decodificarlo. In tal modo, il messaggio che prima di essere crittografato appariva leggibile nel suo contenuto, dopo la cifratura appare rappresentato da lettere, numeri e simboli apparentemente messi a caso, che rendono il messaggio incomprensibile.

Nella società odierna, qualsiasi tipo di comunicazione ha acquisito un ruolo sempre più centrale nella vita di ognuno di noi. Nell'era di Internet, miliardi di informazioni, spesso sensibili, sono in circolazione sulla Rete. Proprio per questi motivi, si è reso ancora di più necessario lo sviluppo di sofisticati sistemi in grado di garantire un elevato livello di confidenzialità dei dati in circolazione.

La crittografia, dunque, può essere definita come quel sistema che agisce su una sequenza di caratteri o numeri, modificandola tramite l'utilizzo di un algoritmo matematico. Questa trasformazione si basa sul valore di una chiave segreta, ovvero il parametro dell'algoritmo di cifratura e decifratura, ed è proprio la segretezza di questa chiave a rappresentare il sigillo di sicurezza di ogni sistema crittografico. La chiave, in definitiva, non è altro che la formula, il segreto che racchiude le modalità operative utilizzate dall'algoritmo per rendere illeggibile un messaggio.

Volendo approfondire leggermente il discorso, diciamo che, in base al genere di chiave utilizzato, è possibile suddividere in due tipologie questo sistema di crittografia informatica: cifratura simmetrica e cifratura asimmetrica.

Quando è presente una chiave singola si parla di crittografia a chiave simmetrica o a chiave segreta, il che vuol dire che la chiave del mittente e quella del destinatario sono la stessa, quando invece vi sono due chiavi di cifratura distinte si parla di crittografia a chiave asimmetrica o a chiave pubblica, che sta a significare che la chiave di cifratura è pubblica, mentre la chiave di decifratura è privata.

La sicurezza di un sistema di crittografia, quindi, come avete avuto modo di constatare, risiede solo ed esclusivamente nella segretezza della chiave e non nell'algoritmo utilizzato, che invece è opportuno far conoscere alla pubblica analisi in modo che se ne possano scoprire eventuali punti deboli in tempo utile.

Questo principio, noto come il principio di Kerckhoff[1] che lo enunciò nel 1883, dice in sostanza che il metodo è più sicuro quando è più difficile scoprire la chiave segreta conoscendo l'algoritmo che l'ha generata.

Se ci pensate bene, nella vita di tutti i giorni l'algoritmo utilizzato viene sempre reso noto.

Un esempio calzante è quando avete accesso all'Internet banking per accedere al vostro conto corrente: la prima cosa che noterete è che vi viene comunicato la tecnologia di sicurezza che

---

[1] Il crittografo olandese Auguste Kerckhoffs alla fine del 1880 enunciò il principio di Kerckhoffs (noto anche come assunzione, assioma o legge di Kerckhoffs).

viene adottata e i relativi algoritmi utilizzati. Questa comunicazione vi viene fatta perché un tentativo di violazione degli algoritmi equivale a fare un favore a chi li detiene e li utilizza, in quanto esso può venire in questo modo a conoscenza di eventuali malfunzionamenti di sistema, ed ha quindi la possibilità di rafforzare l'algoritmo per ovviare a quel determinato inconveniente.

L'immagine che vedete qui sotto rappresenta il processo concettuale della crittografia, che parte dal testo in chiaro inviato dal mittente, il messaggio passa poi attraverso la cifratura, per arrivare infine al destinatario il quale decifra il messaggio e lo riporta in chiaro.

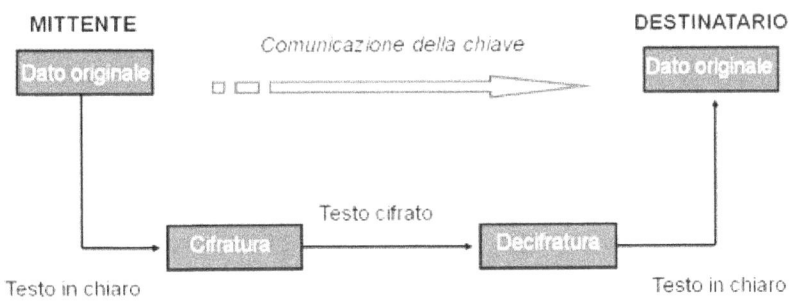

Schema esplicativo del processo dinamico della crittografia

Volendo quindi riassumere l'essenza della crittografia in maniera ancora più semplificata, è possibile affermare che la crittografia è un processo di conversione di un'informazione, da un formato facilmente comprensibile per tutti ad un altro che sembra all'apparenza casuale e quindi inutilizzabile. Se viene utilizzato un buon metodo di cifratura, solo i destinatari delle informazioni saranno in grado di riconvertirle nella sua forma originaria, quindi nel testo in chiaro. Questa riconversione viene definita decrittazione, e la vedremo in uno dei capitoli successivi di questa prima parte del libro.

2. Le tipologie di algoritmi per crittografare

Entriamo ora un po' più nello specifico della crittografia andando a vedere da vicino quali sono i suoi elementi costitutivi.

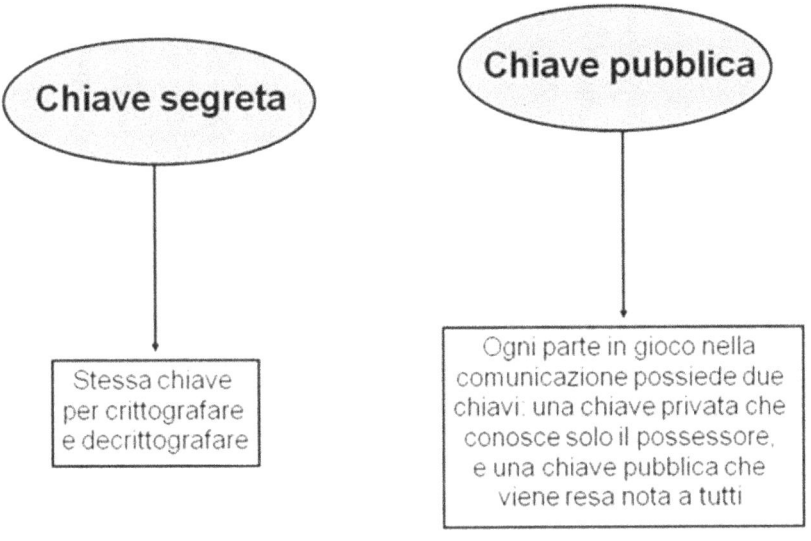

Come è facilmente intuibile dall'immagine qui sopra, esistono due tipologie di algoritmi per crittografare, che tra l'altro sono stati già citati nel capitolo precedente, ma è opportuno ritornarci su per una maggiore comprensione dell'argomento in oggetto:

1. Gli algoritmi a chiave segreta o detti anche simmetrici, sono quelli in cui la chiave per crittografare è la stessa utilizzata per decrittare.

   Ciò vuol dire che la crittografia a chiave segreta utilizza un'unica chiave che deve necessariamente rimanere segreta e nota alle sole persone, o computer, che si scambiano il messaggio. Anche perché, ogni persona che ne entra in possesso è in grado di decifrare il messaggio.

   Il limite di questo tipo di crittografia consiste nel fatto che costringe gli interessati a comunicarsi la chiave, con il pericolo che possa cadere nelle mani sbagliate perché potrebbe essere intercettata in qualche maniera.

2. Gli algoritmi a chiave pubblica o asimmetrici, invece, sono quelli in cui ogni parte in gioco nella comunicazione possiede due chiavi: una chiave privata che conosce solo il possessore, e una chiave pubblica che viene resa nota a tutti.

   Tali algoritmi sono detti anche asimmetrici perché implementano due funzioni: una prima diretta e molto semplice utilizzata per crittografare, e l'altra inversa e generalmente molto complicata usata per decrittare.

   C'è da sottolineare che il concetto di crittografia a chiave pubblica ha rivoluzionato il mondo della crittografia. La sua potenzialità è insita nel fatto che non è necessario che le parti in comunicazione si scambino alcuna chiave, così come avviene invece per la crittografia a chiave segreta. Ogni parte possiede, infatti, due chiavi: una pubblica e l'altra privata, e non è possibile risalire alla chiave privata partendo dalla chiave pubblica.

Infine, lo scenario di impiego della crittografia a chiave pubblica è il seguente:

a) Il mittente utilizza la chiave pubblica del destinatario per criptare il messaggio e il destinatario utilizza la sua chiave privata per decriptare il messaggio. La procedura corretta è la seguente:

- Il mittente cripta il messaggio utilizzando la chiave pubblica del destinatario.

- Il mittente invia il messaggio criptato al destinatario.

- Il destinatario riceve il messaggio criptato e utilizza la sua chiave privata per decriptarlo e leggerlo.

Il mittente, quindi, cripta il messaggio con la chiave pubblica del destinatario, che è nota a tutti; il destinatario riconosce che il messaggio è per lui e lo decripta con la propria chiave privata, nota solo a lui. Solo il destinatario, che conosce la chiave segreta corrispondente alla chiave pubblica utilizzata dal mittente, sarà in grado di leggere il messaggio.

La chiave privata è strettamente legata all'identità del destinatario e deve essere mantenuta segreta. La chiave pubblica può essere distribuita liberamente e viene utilizzata da chiunque voglia inviare un messaggio crittografato al destinatario.

3. Tecniche crittografiche fondamentali

Vediamo ora brevemente quali sono le tecniche crittografiche principali che sono utilizzate per rendere illeggibile un messaggio in chiaro.

I sistemi di crittografia possono essere suddivisi in tre grandi gruppi: a repertorio, algebrici e letterali.

Vediamoli nel dettaglio.

1. I sistemi a repertorio prevedono la sostituzione delle parole del testo in chiaro con un codice equivalente ottenuto consultando un dizionario.

Esempio

Testo in chiaro: *Attento, sta arrivando la Polizia*

> **Chiavi**: Stare attento = *Coprirsi*
> arrivo della Polizia = *fuori piove*

Testo criptato: *Copriti, fuori piove*

2. I sistemi algebrici sono invece quelli che trasformano il messaggio in una sequenza di numeri e, sfruttando una base matematica, eseguono operazioni su tali numeri; in tal modo il messaggio codificato non sarà più composto da lettere ma da cifre.

Esempio

Testo in chiaro: *Attento, sta arrivando la Polizia*

Chiavi: ad ogni lettera corrisponde un numero in maniera sequenziale, moltiplicato per 2. (es. A=1*2, B=2*2, C=3*2, etc.)

Testo criptato: *2363610243626......eccetera*

3. I sistemi letterali, infine, operano invece sul messaggio con operazioni di sostituzione, trasposizione e sovrapposizione.

Vista la loro importanza storica, approfondiamo meglio questi algoritmi.

a) Gli algoritmi di sostituzione si basano sulla semplice sostituzione di tipo uno-a-uno di tutti i caratteri che compongono il messaggio. Un esempio è quello in cui ogni lettera viene sostituita con il carattere dell'alfabeto che lo segue di 'n' posizioni.

b) Gli algoritmi di trasposizione prevedono che i caratteri del testo in chiaro vengano cambiati di posto secondo una chiave di cifratura e sulla base della regola dell'algoritmo. Consiste in pratica nel rimescolare i caratteri del testo in chiaro secondo una regola prestabilita.

c) Seguendo infine l'approccio mediante algoritmi di sovrapposizione, il testo in chiaro viene sovrapposto, utilizzando la somma logica, alla chiave di cifratura che avrà lunghezza pari al messaggio, utilizzando le rispettive codifiche binarie.

4. Che cos'è la crittoanalisi

Vale la pena ora dare anche qualche accenno alla crittoanalisi, che si può definire come la scienza che si occupa di decrittare codici segreti, violare schemi di autenticazione e, in generale, "rompere" i protocolli di crittografia.

Il crittoanalista è colui che, come avrete già capito, ha il compito di scoprire i punti deboli degli algoritmi e quindi violarli. La potenza dei computer moderni può aiutare moltissimo il crittoanalista, ma molti sistemi che possono sembrare estremamente sicuri possono essere infranti semplicemente con carta e penna.

Il crittoanalista analizza il contenuto di un testo cifrato di cui non conosce la chiave per decifrarlo, ed attraverso tecniche statistiche e matematiche può riuscire ad ottenere delle informazioni che possono ricondurlo al testo in chiaro.

Generalmente un crittoanalista entra in gioco nella fase di progettazione di un algoritmo di crittografia, con il compito di scovare all'interno di quest'ultimo eventuali punto deboli. In quest'ottica, gli algoritmi considerati più sicuri sono quelli il cui codice è pubblico, perché per vari anni sono stati oggetto di analisi e tentativi di rottura.

Altri algoritmi di crittografia, invece, associano il proprio grado di sicurezza alla segretezza degli algoritmi stessi, ma proprio per questo non vengono considerati sicuri al pari di quelli resi pubblici: il codice può infatti nascondere dei bug, in sostanza dei punti deboli del codice utilizzato, la cui scoperta rende inefficace l'algoritmo.

5. Tipologie di crittoanalisi

Concludiamo questa parte relativa agli elementi fondamentali della crittografia, con le varie tipologie di crittoanalisi tra le più comuni.

Esistono diverse tipologie di crittoanalisi, ci limiteremo però in questo contesto a citarne solo alcune.

- Crittoanalisi statistica: avviene attraverso lo studio della frequenza dei caratteri o sottostringhe del testo cifrato.

- Brute force: letteralmente forza bruta. Consiste nel calcolare tutte le possibili combinazioni di chiavi. Il metodo "forza bruta" è un algoritmo di risoluzione di un problema che consiste nel verificare tutte le soluzioni possibili fino a quando non si trova quella effettivamente corretta.

Ovviamente questo sistema non viene attuato manualmente, anche perché altrimenti ci vorrebbero degli anni per arrivare alla conclusione, bensì attraverso dei software particolari utilizzati su computer molto potenti.

Il metodo è anche noto come ricerca esaustiva della soluzione. In ambito critto-analitico, questo metodo si utilizza in genere per trovare la chiave di un sistema che utilizza un cifrario di cui non si conosce alcun attacco migliore. Nell'ambito della sicurezza informatica questo metodo viene utilizzato soprattutto per trovare la password di accesso ad un sistema.

La differenza principale tra attaccare una chiave crittografica e attaccare una password è che la prima è solitamente stata generata in modo totalmente casuale mentre una password, per la stessa natura di dover essere ricordata e inserita da esseri umani, è generalmente meno densa di informazioni e spesso semantica; quindi facile da individuare.

- Man-in-the-middle: sfruttando un sistema particolare chiamato "key server"[2], un intruso può posizionarsi tra il mittente e il destinatario e scambiare le loro chiavi pubbliche e privata, cosa difficilissima, oppure generare una chiave pubblica utilizzando nome ed e-mail non sue.

- Crittoanalisi differenziale: si analizzano le distanze numeriche dei caratteri del testo cifrato con l'ausilio di

---

[2] Nell'ambito della sicurezza informatica, un key server è un sistema che si occupa di fornire, attraverso appositi programmi, chiavi crittografiche agli utenti che le richiedono. Le chiavi fornite quasi sempre fanno parte di un certificato digitale, solitamente in un formato standard, che contiene oltre alla chiave anche informazioni sul proprietario della chiave e sulla sua identità. La chiave che viene restituita dal key server è la parte pubblica della chiave, da utilizzare con algoritmi di crittografia asimmetrica.

sofisticate tecniche matematiche in unione a degli algoritmi molto veloci.

- Crittoanalisi lineare: è basata sullo studio a coppia di testo in chiaro e testo cifrato.

Parte Seconda

Storia della crittografia e dei sistemi di scrittura occulta adottati nel tempo

Dal punto di vista storico, l'utilizzo della crittografia è stato quasi sempre ad esclusivo appannaggio di quattro diversi gruppi di categorie di persone: i militari, i corpi diplomatici, i diaristi e infine gli amanti.

Da sempre l'uomo ha cercato di proteggere i propri segreti, qualunque essi fossero, ed il campo militare era quello in cui aveva l'assoluta necessità di farlo. I militari, infatti, hanno sicuramente giocato il ruolo più importante, in quanto la crittografia applicata agli scopi bellici ha rappresentato per molti secoli un'arma determinante nelle mani di coloro che sapevano come usarla, e molto spesso ha determinato le sorti di molte guerre.

Infatti, sapere le mosse dell'avversario in anticipo, perché magari si era riusciti a decrittare un loro messaggio che parlava della loro posizione oppure delle loro strategie di guerra, rappresentava la chiave di volta per sconfiggere il nemico.

Una delle principali limitazioni al suo uso era rappresentata dal fatto che coloro che erano addetti alla cifratura, ed erano un gran numero di impiegati vista la mole dei messaggi da inviare, dovevano adoperare mezzi non sempre efficaci e di difficile utilizzo, visto che non erano ancora presenti i computer, e lavorare in condizioni oltremodo scomode, ad esempio in mezzo ad un campo di battaglia.

Come se non bastasse, la crittografia poteva rivelarsi un'arma a doppio taglio nel caso in cui un addetto alla codifica cadeva nelle mani del nemico, in quanto poteva essere costretto con la forza a rivelare i segreti crittografici in suo possesso. Se ciò accadeva, era necessaria ovviamente una immediata modifica del metodo crittografico, e questo voleva dire, tra l'altro, addestrare nuovamente un gran numero di persone.

Le tecnologie moderne, fra cui l'informatica e l'evoluzione dell'elettronica applicata e miniaturizzata, nonché i sistemi di comunicazione multimediale, hanno consentito lo sviluppo di sistemi molto più sofisticati rispetto a quelli del passato. Infatti, oggi si progettano algoritmi, mentre nel passato venivano studiati i cifrari.

Tuttavia, alcune delle tecniche antiche più efficaci sono tuttora impiegate nei moderni sistemi di crittografia i quali, molto spesso, nel corso della storia hanno tratto spunto concettuale proprio dai sistemi antichi. Sono tutti argomenti che comunque vedremo nel proseguo di questo libro.

6. La crittografia antica

La storia della crittografia è antica quasi quanto la scrittura stessa. Difatti, non appena l'uomo ha iniziato a comunicare attraverso la scrittura, di qualunque tipo fosse, ha subito iniziato ad escogitare dei sistemi, molto spesso rudimentali ma comunque sempre efficaci, per comunicare i propri pensieri in maniera occulta per far sì che determinati messaggi arrivassero solo a persone specifiche e non ad una vasta platea.

Diversi sono i casi di utilizzo di sistemi che possiamo definire palesemente crittografici, seppure agli inizi fossero ridotti all'essenziale e ai nostri occhi odierni possano sembrare delle tecniche banali.

Vediamone alcuni risalenti a migliaia di anni fa, almeno quelli noti, anche se non abbiamo tante testimonianze che ci parlano delle loro tecniche specifiche, in quanto in alcuni casi si tratta solo di ipotesi evinte dai reperti archeologici ritrovati.

- Nella città egizia di Menet Khufu, che è adagiata sulle rive del Nilo, in un testo ritrovato nella tomba del faraone Knumotete II datato intorno al 1900 a.c. sono state rilevate delle evidenti manomissioni, risultate poi volontarie sulla base degli studi effettuati, dove praticamente uno scriba aveva inciso la vita del suo padrone Khnumhotep con dei segni diversi da quelli che venivano di solito utilizzati.

L'interpretazione che hanno dato alcuni illustri archeologi di questi simboli è che fossero una scrittura cifrata. Lo scopo dello scriba sembra fosse, molto probabilmente, quello di limitare la lettura dell'iscrizione a una ristretta cerchia di persone.

Certamente in quel periodo la sostituzione dei segni pittorici fu pratica corrente per comunicare segretamente lungo le sponde del Nilo dove, alla corte dei faraoni, si giocava un ruolo importante per l'acquisizione del potere. Tuttavia, l'impiego della crittografia in Egitto rimane solo un'ipotesi, seppur molto plausibile, in quanto non è confermata esplicitamente in nessuno dei documenti che gli studiosi sono stati in grado di interpretare.

- Anche nelle scritture cuneiformi sviluppate in Mesopotamia sono stati ritrovati alcuni esempi di crittografia. La scrittura cuneiforme è un sistema di scrittura che veniva eseguita con uno stilo, utilizzato per imprimere sull'argilla particolari segni composti da brevi incisioni a forma piramidale e appuntita, che ricordano in qualche modo dei chiodini o dei cunei, da cui appunto deriva la definizione di scrittura cuneiforme.

Si tratta in sostanza di una delle prime forme di scrittura documentate in Oriente.

Attraverso i secoli, la rappresentazione pittografica dei segni assunse sempre più un aspetto stilizzato, e le stesse linee, originariamente disegnate e continue, segmentate in una serie di tratti o cunei, divennero sempre più indipendenti dalle forme originarie, e quindi sempre meno riconoscibili.

All'origine della forma tipica di questa scrittura c'è una motivazione di carattere tecnica: si tratta infatti delle impressioni lasciate sull'argilla da stili di canna a sezione triangolare allungata, a forma cioè di cuneo.

I segni della scrittura cuneiforme erano originariamente numerosissimi, circa un migliaio; nel corso del tempo il loro numero diminuì sensibilmente in quanto solo alcune centinaia vennero normalmente utilizzate.

La loro forma, inoltre, che in origine era molto complessa, subì un processo di semplificazione e di regolarizzazione dei cunei. La stessa direzione dei singoli cunei fu standardizzata e ristretta a soli quattro tipi: cunei orizzontali, obliqui, verticali, e ad angolo. Sulla base di queste informazioni, i moderni assiriologi hanno realizzato dei compendi di segni, ordinati appunto secondo i quattro elementi che abbiamo citato sopra, e quindi facilmente consultabili.

Dopo aver analizzato attentamente le scritture cuneiformi ritrovate, che contengono delle ipotesi di crittografia, è stata riscontrata una sostituzione di alcuni cunei con dei simboli non elencati nei compendi dei segni, sintomo evidente di un rudimentale utilizzo di un sistema crittografico elementare, che possiamo definire letterale di sostituzione.

- Inoltre, sia presso gli Assiri e sia presso i Babilonesi, le due grosse civiltà sorte sulle sponde del fiume Tigri, è stata rinvenuta l'usanza di sostituire le parti terminali delle parole con elementi corti e stereotipati detti colofoni[3].

- Infine, in Iraq, nel periodo terminale dell'utilizzo delle scritture cuneiformi, è presente per la prima volta la tecnica della sostituzione di nomi con numeri.

Di tutte queste tecniche millenarie che sono state sopracitate, purtroppo non ci sono rimasti elementi sufficienti a descrivere quelle tecniche in maniera precisa ed esaustiva.

Ci siamo limitati pertanto in questo libro a citare le sole informazioni in circolazione, anche perché si tratta comunque di tecniche crittografiche di semplice sostituzione di alcuni elementi del testo in chiaro, risalenti a migliaia di anni fa.

---

[3] Consiste nell'ordinare le ultime righe di un testo in lunghezza sempre decrescente a forma di trapezio regolare con la base minore in basso. Oggi, conosciuto anche col nome di colophon, è un testo breve che viene collocato sempre alla fine di un libro e riporta informazioni relative alla produzione del libro stesso.

Iniziamo invece il percorso storico vero e proprio della crittografia, partendo dal VI secolo a.C., epoca di cui abbiamo qualche elemento oggettivo in più che ci consente di descrivere le tecniche che sono state utilizzate.

6.1 Atbash

Iniziamo questo viaggio storico alla scoperta delle varie tecniche crittografiche specifiche parlando dell'Atbash, risalente al VI a.C., che è considerato a ragione l'*ABC* della crittografia, in quanto è il primo sistema di cui si hanno elementi certi dell'uso della crittografia e della sua tecnica.

Atbash, quindi, è il codice di una delle più antiche tecniche di cifratura di cui si ha documentazione certa.

Vediamo di che cosa si tratta e qual era il suo funzionamento specifico.

L'Atbash è un cifrario a sostituzione monoalfabetica utilizzato per la prima volta nel libro di Geremia dell'Antico Testamento della Bibbia. Si tratta di un semplicissimo cifrario monoalfabetico per cifrare la parola *Babele*.

In pratica, la prima lettera dell'alfabeto ebraico (*Aleph*) viene cifrata con l'ultima (*Taw*), la seconda (*Beth*) viene cifrata con la penultima (*Shin*) e così via; da queste quattro lettere è derivato il nome di Atbash (A con T, B con SH) che dà poi il nome a questo codice.

Per farvi un esempio, volendo applicare questo sistema utilizzando l'alfabeto italiano, questo è in sostanza lo schema da utilizzare:

Alfabeto	A B C D E F G H I L M N O P Q R S T U V Z
Testo cifrato	Z V U T S R Q P O N M L I H G F E D C B A

Poniamo di voler crittografare per esempio la seguente parola:

ATTENZIONE

Questo sarà il risultato cifrato:

ZDDSLAOILS

Cerchiamo ora di approfondire la questione anche da un punto di vista storico per cercare di capire come si è arrivati a scoprire questo sistema.

Come abbiamo già detto, l'origine di questo cifrario si può ritrovare nella Bibbia, nel libro di Geremia, dove è stato usato per codificare le parole *Kasdim* (Caldei) in *Leb Kamai* e *Babel* (Babele) in *Sheshach*.

La prima parola decifrata fu *Sheshach* in quanto veniva menzionata varie volte nel libro di Geremia con frasi del tipo *"Il re di Sheshach, il popolo di Sheshach, la città di Sheshach"*.

Alcuni studiosi iniziarono allora a fare varie ricerche su questa tanto citata città di Sheshach sulle mappe geografiche di allora, ma non riuscirono a trovarla sulle cartine. Alla fine, dopo qualche tentativo invano, decisero di applicare quella che ora conosciamo come la tecnica del cifrario Atbash e improvvisamente venne fuori la parola Babele.

Qual è la sua origine?

Atbash fu probabilmente inventato dagli Esseni, un gruppo ebraico di origine incerta che era organizzato in comunità monastiche. Erano persone isolate e conducevano una vita eremitica. Hanno sviluppato una varietà di codici e cifre che sono stati utilizzati per nascondere i nomi e i titoli importanti per evitare di essere accusati di complotti o eversioni. La loro conoscenza di codici e cifre sembra sia stata poi trasferita agli aderenti dello gnosticismo, un movimento filosofico, religioso ed esoterico, a carattere iniziatico, molto articolato e complesso, presente nel mondo ellenistico greco-romano, la cui massima diffusione si ebbe tra il II e il IV secolo d.C.

Successivamente, i segreti dell'Atbash sembra siano transitati in Qatar e poi, a seguito del reclutamento di alcuni nobili del Qatar da parte dei Cavalieri Templari, conoscenza che tra l'altro fu adottata anche da loro stessi. Quindi, il codice Atbash è stato usato per tantissimi anni, dal 500 a.C. circa al 1300 d.C., quando i Cavalieri Templari furono sciolti.

6.2 La Scitala

Parliamo ora di un sistema davvero originale, basato sui sistemi di trasposizione letterale, argomento che abbiamo visto nella prima parte, e che ricordiamo che consistono nel rimescolare i caratteri del testo chiaro secondo una qualche regola reversibile. Detto in altre parole, il testo cifrato non è altro che un anagramma del testo originale.

Il più antico esempio di cifra per trasposizione è proprio la cosiddetta *scitala lacedemonica*, o detta anche bastone di Licurgo, in quanto in uso come un codice di cifratura già dai tempi di Licurgo, antichissimo legislatore spartano.

Questo sistema viene descritto da Plutarco nella sua opera intitolata *"Vite parallele"*[4], nel quale scrisse che gli efori, i magistrati di Sparta, inviarono a Lisandro, che era un militare spartano che servì la sua città nell'ultima fase della guerra del Peloponneso, una scitala con l'ordine di tornare in patria.

In particolare, Plutarco raccontò di un avvenimento occorso nel 404 a.C. dove, nell'accampamento dello spartano Lisandro, arrivò

---

[4] Le Vite parallele di Plutarco sono una serie di biografie di uomini celebri, scritte dalla fine del I secolo al primo quarto del II secolo, e riunite in coppie per mostrare vizi o virtù morali comuni ad entrambi.

un corriere provato da mille insidie, uno dei pochissimi sopravvissuti all'attraversamento del territorio persiano. Il corriere consegnò un nastro a Lisandro che poi avvolse attorno ad un cilindretto di legno, dal quale apprese che il governatore provinciale persiano Farnabazo II progettava di attaccarlo. Il giorno stesso Lisandro organizzò una difesa e il nemico fu respinto.

Il funzionamento della scitala era piuttosto semplice, e ce lo spiega lo stesso Plutarco nella sua opera:

"La scitala consiste in questo. Gli efori, all'atto di spedire all'estero un generale, prendono due pezzi di legno rotondi e perfettamente uguali, sia in lunghezza sia in larghezza, di dimensioni cioè corrispondenti. Di questi pezzi di legno, che si chiamano scitale, uno lo conservano loro, l'altro lo consegnano al partente. In seguito, allorché vogliono comunicare qualche cosa di grande importanza e che nessuno altro deve sapere, tagliano un rotolo di papiro lungo e stretto come una cinghia e l'avvolgono attorno alla scitala in loro possesso, coprendone tutt'intorno la superficie del legno col papiro, senza lasciare il minimo interstizio. Compiuta questa operazione, scrivono sul papiro così come si trova disteso sulla scitala ciò che vogliono, e una volta scritto, tolgono il papiro e glielo mandano senza il bastone. Il generale, quando lo riceve, non può leggere le lettere di seguito, poiché non hanno alcun legame tra loro e rimangono sconnesse, finché anch'egli non prende la sua scitala e vi avvolge in giro la striscia di papiro. Così la spirale torna a disporsi nel medesimo ordine in cui fu scritta, e le lettere si allineano via via, di modo che l'occhio può seguire la lettura attorno al bastone e ritrovare il senso compiuto del messaggio. La striscia di papiro è chiamata scitala al pari del legno".

Consisteva, dunque, in un cilindro di legno su cui veniva arrotolata ad elica una striscia di papiro, sulla quale poi sarebbe stato scritto il messaggio, seguendo la direzione dell'asse del cilindro. Una volta scritto il testo, la striscia di papiro veniva srotolata. Il risultato ottenuto era una sequenza di caratteri incomprensibile e apparentemente casuale, disposta lungo una delle superfici della striscia. Questa sequenza altro non era che una permutazione delle lettere che componevano il messaggio.

A questo punto, per ricavare il testo originale, era necessario che il destinatario fosse in possesso di una scitala dello stesso diametro di quella usata dal mittente; arrotolando nuovamente ad elica la striscia di papiro, diventava quindi possibile per il destinatario del messaggio leggerne il contenuto.

La scitala spartana (Foto di pubblico dominio)

É interessante notare che compare un concetto assolutamente embrionale di chiave crittografica che prende forma e s'identifica con la scitala: chiunque in possesso di una scitala uguale per diametro a quella usata dall'autore del messaggio era in grado di intercettarlo; diversamente, con scitale di diametro inferiore o superiore, non era possibile ottenere il giusto allineamento delle lettere e di conseguenza leggerne il vero significato.

L'uso di questa rudimentale tecnica crittografica veniva spesso associato ad applicazioni di tipo steganografico[5].

Quindi, a questo punto, non solo la comunicazione stessa era nascosta rendendo impossibile stabilire che fosse avvenuta, ma anche nel caso in cui fosse stata scoperta, sarebbe risultata comunque illeggibile da chi non era in possesso della scitale avente un diametro adeguato a consentirne la decodifica.

In molti casi, per scrivere il messaggio veniva utilizzata una striscia di cuoio anziché di papiro. In tal modo poteva facilmente essere camuffata da cintura o da qualsiasi altro accessorio personale nelle mani del messaggero; questo consentiva una maggiore sicurezza nella comunicazione perché, anche in caso di perquisizione da parte di autorità di controllo, la presenza del messaggio sarebbe rimasta comunque quasi del tutto inaspettata ed insospettabile.

---

[5] La steganografia è una tecnica elusiva della comunicazione, per cui una terza persona non si avvede del fatto che due persone stanno comunicando tra loro. Maggiori informazioni sulla steganografia possono essere reperite sul libro "*La steganografia da Erodoto a Bin Laden: Viaggio attraverso le tecniche elusive della comunicazione*" dello stesso autore Nicola Amato, che è disponibile su https://www.amazon.it/dp/1520262221

6.3 Il disco di Enea

Il primo trattato vero e proprio sui cifrari venne compilato da Enea il tattico, generale della lega arcadica, tra il 390 e il 360 a.C., che lo inserì all'interno di un ampio trattato sulla difesa delle fortezze, chiamato Poliorcetica[6], che tratta prevalentemente di argomenti inerenti agli assedi e alle loro difese.

Nello specifico, particolarmente interessante era il capitolo XXI che trattava di messaggi segreti. In questo capitolo viene descritto un disco particolare, sulla cui parte esterna vi erano contenuti 24 fori, ciascuno dei quali era contrassegnato da una lettera, e poi tutte assieme le lettere correlate con i fori erano disposte in ordine alfabetico.

Un filo, poi, partendo da un foro centrale, veniva avvolto inizialmente nel foro di una lettera passando successivamente per i fori delle lettere seguenti del testo. In questo modo all'apparenza semplice, poteva essere cifrato un messaggio.

In seguito, il destinatario del messaggio svolgeva il filo dal disco segnando le lettere da esso indicate. Il testo alla fine veniva letto a rovescio, rivelando così il testo in chiaro. Un'altra particolarità di questo disco è che le vocali spesso erano sostituite da gruppi di puntini.

---

[6] Poliorcetica, dal greco poliorketikon, letteralmente "espugnazione di città", è il termine che designa l'arte di assediare ed espugnare le città fortificate.

Il disco di Enea

Lo storico greco Polibio, inoltre, che tra l'altro vedremo nel paragrafo successivo, riferisce che Enea fu anche l'inventore di un interessante sistema di telecomunicazioni, e pertanto ne espose il funzionamento.

L'autore ne fa una descrizione dettagliata, ritenendolo però un sistema approssimativo, in quanto aveva la limitazione di consentire solamente la trasmissione di pochi messaggi preimpostati precedentemente, e non si adattava quindi ad ogni tipo di comunicazione. In buona sostanza, non era possibile inviare qualsiasi messaggio che non fosse stato precedentemente impostato.

Ma vediamo ora la dinamica di questo particolare sistema di comunicazione.

La strumentazione necessaria per attuare il sistema di Enea, che doveva essere in possesso sia del mittente e sia del destinatario, consisteva in:

- Due recipienti colmi d'acqua e con un foro nella parte inferiore;

- Due basi di sughero con diametro inferiore a quello dell'apertura dei vasi;

- Due aste suddivise in sezioni riportanti, in ogni sezione, una lista concordata di eventi (per esempio, *"arrivano i cavalieri"*, *"arriva la fanteria pesante"*, *"fanteria leggera"*, *"fanteria e cavalleria"*).

Il fine della trasmissione consisteva nel far pervenire al destinatario uno dei messaggi preimpostati e scritti sull'asse.

Per trasmettere il messaggio i procedeva nella maniera seguente:

- Per prima cosa, l'asse veniva inserito nella base di sughero;

- Poi, il mittente alzava la torcia e altrettanto faceva il destinatario del messaggio; entrambi iniziavano a far uscire il liquido dal vaso, con il conseguente abbassamento della base di sughero e dell'asta solidale con questo;

- Alla fine, quando la parte dell'asta con il messaggio che si voleva comunicare arrivava all'altezza del bordo del vaso, il mittente sollevava la torcia comunicando di arrestare la fuoriuscita del liquido. Il destinatario poteva in questo modo individuare quale fosse la comunicazione in oggetto tra tutte quelle segnate sull'asta.

6.4 La scacchiera di Polibio

Lo storico greco Polibio[7] vissuto nel II secolo a.C., nella sua opera *"Storie"*, nel Libro X, descrive un interessante esempio di codice poligrafico, ossia quei cifrari nei quali la cifratura avveniva per gruppi di elementi, che attribuisce ai suoi contemporanei Cleosseno e Democlito.

Per attuare questo metodo bisognava cifrare una lettera con una coppia di numeri compresi tra 1 e 5, in base ad una scacchiera di formato 5x5 contenente le lettere dell'alfabeto.

Ogni lettera veniva rappresentata da due numeri, guardando la riga e la colonna in cui essa si trovava.

Ad esempio, considerando la tabella sottostante, A = 11, B = 12, C = 13, M = 33, U = 45, e così via.

Ecco qui sotto un esempio del suo funzionamento, prendendo in considerazione l'alfabeto internazionale (quello originale era ovviamente in greco).

Tenete presente che nell'alfabeto greco c'erano 24 lettere ed avanzava quindi uno spazio per un carattere che Polibio proponeva di usare come segnale di inizio e fine trasmissione.

---

[7] Polibio studiò in modo particolare il sorgere della potenza della Repubblica romana, che attribuì all'onestà dei romani ed all'eccellenza delle loro istituzioni civiche e militari. Nelle sue Storie, si rivela particolarmente importante il suo resoconto della Seconda guerra punica e della Terza guerra punica fra Roma e Cartagine, nonché del periodo dell'imperialismo.

#	1	2	3	4	5
1	A	B	C	D	E
2	F	G	H	I	J
3	KQ	L	M	N	O
4	P	R	S	T	U
5	V	W	X	Y	Z

Se quindi volessimo cifrare per esempio la parola **ALBERO**

Il testo cifrato con questo sistema diventerebbe **113212154235**

Una curiosità a proposito di questo sistema crittografico, è che Polibio suggeriva di mandare tanti messaggeri quanti erano i caratteri del messaggio. Questi dovevano portare nella mano sinistra un numero di torce pari all'indice di riga e nella mano destra un numero pari all'indice di colonna. In questo modo, questo sistema crittografico, più che un codice segreto, diventava un sistema di telecomunicazione, e nello specifico un telegrafo ottico.

Telegrafi a torce esistevano da molti secoli ed erano stati descritti da Enea il tattico intorno al 360 a.C., come abbiamo avuto modo di vedere nel paragrafo precedente, ma erano basati su un limitato elenco di messaggi possibili.

Quello di Polibio si basava invece sulla scomposizione del messaggio nelle singole lettere ed era quindi in grado di trasmettere qualsiasi tipo di messaggio.

Questo tipo di comunicazione crittografata, ed inviata tramite segnali con le torce, si svolgeva secondo le seguenti fasi, descritte da Polibio stesso:

1. **La comunicazione viene stabilita**: il mittente alza due torce, segnalando che sta per iniziare la trasmissione; il destinatario risponde alzando due torce, segnalando a sua volta che è pronto a ricevere.

2. **La comunicazione viene inoltrata**: viene trasmessa una lettera alla volta; il mittente alza un numero di torce a sinistra corrispondente al numero di riga e un numero di torce a destra corrispondente al numero di colonna, individuando così una lettera precisa.

3. **La comunicazione termina**: il mittente alza due torce segnalando la fine della trasmissione.

In definitiva, l'importanza della scacchiera di Polibio nella storia della crittografia è che rappresenta la base concettuale di altri codici di cifratura come il Playfair o il cifrario campale germanico usato nella prima guerra mondiale, argomenti che affronteremo più in là in questo libro.

6.5 La cifratura di Cesare

Svetonio[8], nella sua *"Vita dei dodici Cesari"*, un'opera del II secolo d.C., racconta che Giulio Cesare usava per le sue

---

[8] Svetonio nacque attorno al 70 d.C. in un luogo imprecisato del Latium vetus, forse a Ostia, dove ebbe la carica religiosa locale di pontefice di Vulcano, il dio romano del fuoco terrestre e distruttore. La sua opera "Vita dei dodici Cesari" comprendono, in ordine cronologico, i ritratti di dodici Imperatori

corrispondenze riservate e soprattutto per comunicare con i suoi generali un algoritmo di cifratura a sostituzione monoalfabetica.

In pratica, sostituiva ogni lettera del messaggio con un'altra lettera che era posizionata un certo numero di posti più avanti nell'alfabeto.

Per l'esattezza utilizzava la chiave "3", ma poteva anche cambiare, dove tutte le lettere venivano scalate di tre posizioni: la A diventava D, la B diventava E, la C diventava F e così via. Un metodo semplicissimo, ma per quell'epoca si trattava di un sistema più che rivoluzionario.

La stringa del testo cifrato costituiva quindi il messaggio affidato al corriere e, teoricamente, anche se fosse caduto in mano nemica, la riservatezza restava garantita dal fatto che il nemico non conosceva la chiave di spostamento. Solo il legittimo destinatario, che conosceva la chiave, poteva recuperare il messaggio originale dal crittogramma eseguendo l'operazione inversa, cioè spostando ogni lettera del crittogramma indietro di n posizioni.

La debolezza di questo codice stava nel fatto che si potevano utilizzare solo poche chiavi, cioè tante quanto le lettere dell'alfabeto.

Con questo sistema, al giorno d'oggi, se l'avversario riesce per esempio ad impadronirsi del crittogramma e sospetta che si tratti della cifratura di Cesare, può tentare un attacco di tipo "forza bruta", che come abbiamo già visto si tratta della ricerca esaustiva nello spazio delle chiavi, provando a decifrare il messaggio con tutte le possibili combinazioni, partendo da una posizione in avanti

---

romani, tra cui lo stesso Cesare, a cui seguono Augusto, Tiberio, Caligola, Claudio, Nerone, Galba, Otone, Vitellio, Vespasiano, Tito, Domiziano.

sino ad arrivare al numero delle lettere dell'alfabeto, sperando di imbattersi in un messaggio di senso compiuto.

Questo tipo di attacco elementare è reso possibile dal numero estremamente esiguo di chiavi. Perciò, c'è da dire che il codice di Cesare garantisce, se fosse applicato oggigiorno, una sicurezza assai scarsa, invece al tempo di Cesare questo tipo di sistema crittografico era abbastanza sicuro, considerando che spesso i nemici non erano neanche in grado di leggere un testo in chiaro, men che mai uno cifrato, e inoltre non esistevano metodi di crittoanalisi in grado di rompere tale codice, per quanto banale fosse.

Comunque, è proprio da questo codice di Cesare che iniziano i miglioramenti e l'evoluzione della crittografia. Il primo perfezionamento che fu concepito all'epoca, fu quello di avere ogni lettera sostituita con un'altra in modo casuale, senza quindi utilizzare una regola fissa.

Vediamo un esempio pratico dell'utilizzo del cifrario di Cesare.

Esempio

Alfabeto normale

A	B	C	D	E	F	G	H	I	L	M	N	O	P	Q	R	S	T	U	V	Z
D	E	F	G	H	I	L	M	N	O	P	Q	R	S	T	U	V	Z	A	B	C

Alfabeto con chiave
di spostamento a 3

Secondo questa cifratura, ad esempio, il testo in chiaro: **CAVALIERE** crittografato con chiave di spostamento a 3 diventa: **FDBDONHUH**

Una curiosità, infine, è che un rudimentale sistema di cifratura basato sul cifrario di Cesare è stato usato anche da Bernardo Provenzano per proteggere informazioni rilevanti scritte nei suoi famosi pizzini, i piccoli foglietti di carta con i quali il boss della Mafia, durante la sua latitanza, riceveva informazioni e impartiva ordini.

Il sistema scelto da Provenzano era abbastanza semplice: si trattava di sostituire ogni lettera con il numero corrispondente alla posizione nell'alfabeto, sommato a 3, e di comporre così un singolo, lungo numero.

Ad esempio, i numeri "512151522 191212154" nascondono il nome di "Binnu Riina". Infatti, 5 = 2 (posizione della B) + 3; 12 = 9 (posizione della I) + 3; etc.

6.6 Il cifrario di Augusto

Lo scrittore inglese Robert Graves, grande studioso di storia romana e autore di una pseudo-autobiografia dell'imperatore Claudio dal titolo *"Io, Claudio"*, sostiene nella sua opera che Augusto usava accanto al semplice codice di Cesare un cifrario più sicuro per le comunicazioni più delicate; sarebbe stato lo stesso Claudio a comprenderne il funzionamento dopo aver studiato le carte di Augusto.

Non è chiaro se Graves abbia basato questo brano del suo romanzo su qualche fonte attendibile o se, più probabilmente, si tratti di una sua invenzione che è proprio il caso di dire letteraria.

Riportiamo comunque anche questo cifrario che in qualche misura equivale a un Vigenère inverso, tecnica che vedremo nel proseguo di questo libro.

Qual era il suo funzionamento?

Il metodo si basava sul libro greco dell'Iliade, dove il testo in chiaro e un brano dell'Iliade erano scritti in parallelo. Poi, ogni lettera del testo in chiaro era confrontata con la corrispondente dell'Iliade, si calcolava poi la differenza tra i due caratteri, e la sequenza dei numeri così calcolati costituiva il messaggio cifrato. Per decifrare era sufficiente sommare al carattere dell'Iliade il numero del messaggio

Vediamolo più nello specifico.

Supponiamo che la iniziale della prima parola che si voleva ridurre in cifre fosse la ε: la prima lettera della prima parola del primo verso del primo libro dell'Iliade è una μ. Dunque, fra la ε e la μ, nell'alfabeto greco, le lettere sono sette, quindi il 7 diventava la iniziale della prima parola che si voleva ridurre in cifre.

Dal testo di Graves non è molto chiaro, tuttavia, né come si distinguessero le differenze positive da quelle negative, anche perché gli antichi romani in effetti non utilizzavano i numeri negativi, né che numero venisse usato nel caso in cui le cifre fossero state uguali, perché in quest'ultimo caso il risultato sarebbe stato zero, ed anche questo era ignoto ai romani.

Nell'esempio seguente si ipotizza una sottrazione modulare.

Le lettere dell'alfabeto greco erano 24, quelle del moderno alfabeto internazionale 26; qui useremo un'aritmetica col modulo 26, usando il 26 al posto dello 0; per esempio:

$7 - 5 = 2$

$(26)+ 5 - 7 = 24$

$(26)+ 5 - 5 = 26$

Facciamo un esempio usando questa volta come testo in chiaro **"inviarerinforzidomattina"** e lo crittografiamo usando come chiave alcune parole dell'Inferno di Dante Alighieri:

Testo in chiaro																							
I	N	V	I	A	R	E	R	I	N	F	O	R	Z	I	D	O	M	A	T	T	I	N	A
N	E	L	M	E	Z	Z	O	D	E	L	C	A	M	M	I	N	O	S	T	R	A	V	I
Chiave																							

Il testo cifrato sarà quindi:

5 17 16 4 4 8 21 23 21 17 6 12 9 13 4 5 25 2 18 26 24 18 8 8

Non è ancora molto chiaro, vero? Cerchiamo di rimediare, allora. Vediamo meglio come abbiamo fatto a crittografare questo testo in chiaro. Seguitemi.

Considerate che la prima lettera I del testo in chiaro è la 9[a] dell'alfabeto, la corrispondente prima lettera N della chiave invece è la 14[a]. Quindi facciamo $14 - 9 = 5$, che è la distanza tra le due lettere, e che è il primo elemento del testo cifrato.

Andiamo poi alle seconde lettere. La N del testo in chiaro è la 14ª, e la E della chiave è la 5ª. Facciamo la stessa operazione delle prime lettere, ma in questo caso verrebbe un numero negativo non contemplato nel sistema, quindi faremo come descritto all'inizio della pagina, ossia sommeremo il numero 26, che è il numero delle lettere dell'alfabeto, al primo elemento della sottrazione, ossia il minuendo, in questo modo: $26 + 5 - 14 = 17$ che è il secondo elemento del testo cifrato.

Si continua dunque con tutte le lettere in questo modo che ho descritto sino ad arrivare all'ultima lettera in modo da ottenere il testo cifrato completo.

Per decifrare il testo, a questo punto, basterà solamente compiere il processo inverso, quindi sommare anziché sottrarre.

7. La crittografia medievale

Da un punto di vista storico, c'è da sottolineare che nel Medioevo, per le condizioni politiche dell'epoca, i codici segreti vennero usati molto poco ed in genere solo per celare i nomi propri, sostituendo ogni lettera con quella che la segue nell'alfabeto (per esempio A con B, B con C ecc.).

Verso l'anno Mille compaiono i primi alfabeti cifranti. Essi vennero usati successivamente soprattutto nelle missioni diplomatiche tra i vari Stati europei, particolarmente da parte delle Repubbliche marinare e dalla Corte papale di Roma a partire dal XIV secolo.

Nel Medioevo, quindi, non si ebbe una sostanziale evoluzione dei sistemi crittografici, come successe nel Rinascimento invece, e lo vedremo nel prossimo capitolo, dove la crittografia ebbe un notevole impulso grazie alla scoperta di nuovi sistemi di cifratura.

Alla fine del Medioevo, invece, con l'inizio delle relazioni diplomatiche tra i vari Stati, i codici segreti cominciarono a diventare una vera e propria necessità. Secondo ricerche storiche del 1902 da parte di Meister, uno dei primi studiosi della crittografia, l'uso sistematico dei codici segreti ebbe inizio nella Corte papale, nelle Repubbliche e Signorie Italiane, a partire dal 1300.

7.1 La Lingua ignota di Ildegarda di Bingen

La Lingua ignota di cui ci occupiamo ora è un sistema alfabetico ideato nel XII secolo dalla badessa Ildegarda di Bingen[9] del monastero di Rupertsberg, che sembra lo utilizzasse per fini mistici e religiosi. Questo linguaggio particolare si basava su di un alfabeto composto da 23 lettere, definite *litterae ignotae*.

Una parziale descrizione di questa lingua fu fatta da Ildegarda in un'opera intitolata *"Lingua ignota per simplicem hominem Hildegarden prolata"*, della quale, tuttavia, sono sopravvissuti solo due manoscritti, entrambi risalenti al 1200: il Codice di Wiesbaden e un codice di Berlino.

Si tratta di un glossario contenente 1011 vocaboli appartenenti alla Lingua ignota, con traslitterazione per la maggior parte in latino, e in tedesco medioevale. Dal punto di vista grammaticale,

---

[9] Ildegarda di Bingen è stata una monaca cristiana, scrittrice, mistica e teologa tedesca. Donna dai numerosi talenti, nella sua vita fu inoltre profetessa, guaritrice, erborista, naturalista, cosmologa, gemmologa, filosofa, artista, poetessa, drammaturga, musicista, linguista e consigliera politica.

sembra essere molto vicino al lessico della lingua latina. Infatti, la Lingua ignota è stata ideata adattando un nuovo vocabolario alla grammatica latina preesistente.

Il glossario è stilato in ordine gerarchico, e fornisce anzitutto i vocaboli per Dio e per gli angeli, seguiti da quelli per gli esseri umani e per i rapporti familiari, seguiti dai termini per le parti del corpo, le malattie, i gradi religiosi e civili, gli artigiani, i giorni, i mesi, l'abbigliamento, gli utensili di casa, le piante, e alcuni uccelli e insetti.

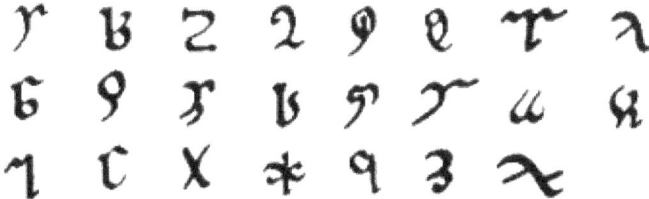

Le 23 litterae ignotae di Ildegarda. (Foto di pubblico dominio)

A tutt'oggi rimane comunque un mistero sui motivi che indussero Ildegarda a ideare la Lingua ignota, benché siano state avanzate diverse ipotesi, tra cui quella di una originaria valenza musicale, né si sa se altri abbiano avuto familiarità con essa.

Nel XIX secolo alcuni credevano che Ildegarda avesse ideato il suo linguaggio per proporre una lingua universale che unisse tutti gli uomini[10].

---

[10] Per questo motivo santa Ildegarda è riconosciuta oggi come la patrona degli esperantisti.

Tuttavia, al di là delle varie ipotesi, molto spesso fantasiose, è generalmente accettato che la Lingua ignota sia stata concepita come un linguaggio segreto, simile alla "musica inaudita" di Ildegarda, della quale ella affermò di esserne venuta a conoscenza per ispirazione divina.

Questa lingua, ideata nel XII secolo, può essere considerata come una delle più antiche lingue artificiali conosciute per comunicare in maniera segreta.

Questa Lingua ignota, però, non riuscì ad espandersi oltre i confini delle amicizie e conoscenze della badessa. Infatti, in una lettera, il suo amico e curato Wolmarus, temendo che Ildegarda potesse morire entro breve tempo, le chiedeva informazioni sulla Lingua ignota: *"ubi tunc vox inauditae melodiae? et vox inauditae linguae?"*[11].

Ciò suggerisce l'ipotesi che l'esistenza del linguaggio di Ildegarda fosse comunque nota ad una ristretta cerchia di persone, ma che, al di fuori di essa, nessuno conoscesse questa lingua, la quale non ebbe modo e tempo di espandersi, visti anche gli innumerevoli sistemi di cifra che iniziarono a subentrare prepotentemente a cavallo tra la fine del Medioevo e l'inizio del Rinascimento, come vedremo in seguito nei capitoli successivi.

---

[11] Tradotto in italiano: "Dov'è ora la voce dell'inaudita melodia? E la voce dell'inaudita lingua?"

7.2 La tabella di Pietro di Grazia

Un altro sistema che vale la pena menzionare, è quello utilizzato dall'Arcivescovo di Napoli, Pietro di Grazia, tra il 1363 e il 1365, in cui le lettere vengono cifrate con numeri o simboli speciali. La corrispondenza tra lettere e simboli o numeri per la sostituzione è stabilita da una tabella di riferimento.

Questo sistema di sostituzione venne utilizzato sin dagli inizi del XIV secolo d.C. per tentare di depistare i vari tentativi di crittoanalisi che venivano perpetrati attraverso la tecnica della statistica delle frequenze, argomento interessantissimo che vedremo più avanti in questo capitolo.

Iniziarono così ad utilizzare diversi segni per cifrare le vocali, dato che queste erano molto ricorrenti in un testo.

Successivamente, tale tecnica venne estesa anche alle consonanti più ricorrenti. Inoltre, alcune parole che venivano utilizzate con maggiore frequenza, vennero sostituite con un solo simbolo.

7.3 Il manuale di Gabriele Lavinde

Altro evento che vale la pena segnalare è che nel 1378, dopo lo scisma di Avignone, l'antipapa Clemente VII decise di unificare i sistemi di cifrature dell'Italia Settentrionale ed affidò tale compito a Gabriele Lavinde.

In Vaticano è conservato un suo manuale del 1379, dove specifica che ogni lettera deve essere cifrata con un segno di fantasia, in alcuni casi vi sono dei valori nulli, in altri invece con delle nomenclature; e poi, le vocali sono trattate come le altre lettere, come in una cifra del 1395 di Mantova.

Nell'ambito del suo lavoro riorganizzativo, pertanto, questo crittografo ha ideato il primo nomenclatore del quale si ha notizia, dentro il quale alcune parole vengono sostituite con quelle convenute, mentre altre hanno valore nullo.

La lista delle parole nulle veniva utilizzata per depistare i crittoanalisti, mentre il destinatario, che conosceva bene questa tecnica, doveva semplicemente in fase di decifratura scartare le parole nulle.

Un esempio pratico di questa tecnica poteva essere qualcosa del genere:

Parole chiave convenute:

Attenzione = Carro
Re = è
Acqua = (parola nulla)
Viene = rotto
Tattica = (parola nulla)
Napoli = irrimediabilmente
Roma = (parola nulla)

Un messaggio del genere, quindi, "Il carro si è rotto irrimediabilmente" nascondeva in verità il messaggio reale che era: "Attenzione il re viene a Napoli".

7.4 L'analisi statistica delle frequenze

A proposito dell'incalzante crittoanalisi nel Medioevo, vale la pena fare un passo indietro e soffermarsi ad approfondire l'analisi statistica delle frequenze che abbiamo citato sopra, perpetrata per primi dagli arabi, e che tanti danni ha provocato alle tecniche crittografiche dell'epoca.

In effetti, si assiste in questo periodo medievale alla nascita, soprattutto nel mondo arabo, delle prime forme di crittografia e alla stesura dei primi testi a sostegno dei metodi più innovativi in grado di attaccarla, e quindi della crittoanalisi.

Sappiamo che la religione mussulmana fu predicata da Maometto a partire dal 610 d.C., e le sue parole furono riunite nelle 114 Sure[12] del Corano, il testo sacro degli arabi. Le guerre sante arabe portarono ad un'estensione del territorio mussulmano che era governato dai califfi, uomini che dovevano custodire e proseguire l'insegnamento di Maometto. Un successivo sviluppo di tutte le arti portò anche allo studio della crittografia.

---

[12] Nel Corano, la sūra, impropriamente "capitolo", è ognuna delle 114 ripartizioni del Libro; ogni sūra, a sua volta, si divide in āyāt ('segni', 'miracoli') o versetti.

Il popolo arabo fu il primo ad adottare tecniche di occultamento delle informazioni di tipo crittografico. L'obiettivo era quello di custodire in modo sicuro i dati riguardanti l'amministrazione pubblica. In questo tipo di applicazione, l'uso costante della steganografia ha lasciato spazio all'adozione di tecniche di scrittura cifrata.

Sappiamo inoltre che la crittografia nel mondo arabo veniva utilizzata in maniera sistematica per proteggere tutti i documenti e gli archivi fiscali, oltre che per i messaggi contenenti delicate questioni statali. In effetti, dobbiamo dire che nel corso degli anni sono stati rinvenuti numerosi scritti che lasciavano presagire l'uso di tecniche crittografiche.

Non si era però ancora arrivati a dimostrare con certezza che la crittografia in ambito amministrativo fosse un'abitudine, finché, nel 1987, non venne scoperta l'esistenza di un vero e proprio trattato sull'amministrazione, l'*Adab al-Kutab* (Il manuale del segretario), una cui sezione era interamente dedicata alle tecniche che dovevano essere adottate dai funzionari statali per cifrare ogni genere di atto o documento.

Per i documenti amministrativi veniva utilizzato, di solito, un alfabeto cifrante a sostituzione monoalfabetica, che consisteva nel sostituire una lettera con un'altra dell'alfabeto tramite una parola chiave.

Ma la ragione per cui è importante fare riferimento agli arabi per quanto riguarda la crittografia è un'altra: non solo introdussero nuove tecniche di cifratura, ma contribuirono a renderne obsolete molte altre.

Infatti, è proprio a loro che si deve la nascita della crittoanalisi, ovvero la scienza che si occupa di risalire al messaggio originale partendo dal testo cifrato, pur non conoscendo la chiave di codifica o le informazioni sull'algoritmo utilizzato per occultare il messaggio.

Tutto ciò scaturiva dal fatto che le solide basi su cui poggiava la cultura islamica, unite ad un diffuso benessere nella società del tempo e all'insegnamento del Corano, spinsero molti uomini ad abbracciare la strada del sapere, il sapere multidisciplinare che in quel tempo spaziava dall'algebra alla medicina, dall'astronomia alla linguistica, fino ad arrivare alla statistica: ed è proprio qui che gli arabi furono particolarmente astuti e intravidero l'importanza della statistica in campo crittoanalitico.

Ma vediamo qui di seguito come riuscirono gli arabi a dar vita alla crittoanalisi.

Partirono dal presupposto che un linguaggio è formato da un alfabeto, e che ad una qualsiasi lingua corrisponde una determinata distribuzione di frequenza con la quale le lettere si ripetono in un testo qualsiasi.

In questo modo, gli studiosi arabi compresero dunque che alcune tecniche crittografiche, come per esempio la sostituzione monoalfabetica, potevano essere facilmente attaccate da un'analisi di questo tipo.

In pratica, individuando i simboli più frequenti nel testo cifrato e in un testo sufficientemente esteso nella lingua con cui si suppone sia stato composto il testo originale, si può procedere per sostituzione, dal simbolo più frequente a quello meno frequente, fino ad arrivare a comporre parole parzialmente comprensibili che possono essere facilmente indovinate.

La più antica descrizione di questo procedimento si deve allo studioso del IX secolo d.C. Abu Yusuf ibn Ishaq al-Kindi, noto anche come il Filosofo degli Arabi perché scrisse più di 290 opere su argomenti disparati, che lo descrisse accuratamente nel suo "*Sulla decifrazione dei messaggi crittati*", e al quale è stato dato il nome di "Metodo di analisi delle frequenze"; adottato per anni in tutto il mondo, è uno dei primi metodi crittoanalitici noti.

Le sue teorie sulla decifrazione di un testo cifrato possono essere riassunte nel modo seguente.

Un modo per svelare un messaggio criptato, se si conosce la lingua originale, consiste nel trovare la diversa frequenza di tutte le lettere dell'alfabeto; si chiama "prima" la lettera che compare più volte, per poi fare la stessa cosa per tutte le altre lettere.

Si esamina poi il testo in cifra ordinando in base alla frequenza anche i suoi simboli. Successivamente, troviamo il simbolo più comune e lo rimpiazziamo con la "prima" lettera dell'esempio in chiaro e poi anche la "seconda", e continuando così seguendo la frequenza.

Per meglio comprendere la tecnica di Al-Kindi, facciamo un esempio pratico applicato all'alfabeto italiano.

Se esaminiamo un testo in lingua italiana, possiamo notare che la lettera più frequente è la "E", la seconda è la "A" e così via. Premesso ciò, si esamina poi un testo cifrato e si determina la frequenza dei caratteri che lo compongono.

Se, ad esempio, il carattere più frequente è la "S", è probabile che si possa sostituire con la "E", ossia, che la "S" del testo cifrato si riferisca in effetti alla "E" del testo originale in chiaro, se la seconda è la "B" è probabile che sia la "A".

8. La crittografia rinascimentale

Nel periodo del Rinascimento, come abbiamo avuto modo di constatare, la crittografia ebbe un notevole impulso rispetto al periodo precedente del Medioevo, questo grazie alla scoperta di nuovi sistemi di cifratura, dovuta soprattutto all'incremento dei rapporti diplomatici tra i vari Stati, e dalla conseguente necessità di tenere segrete le loro comunicazioni. A tale periodo risalgono infatti anche i primi sviluppi della scienza e della tecnologia che cambieranno in maniera sostanziale la società.

Alla fine del Medioevo, la crittografia cominciò ad espandersi nelle cancellerie dei vari Stati italiani in maniera preponderante, in particolare a Roma, ma soprattutto a Venezia.

I sistemi crittografici più utilizzati erano composti da cifrari misti; si trattava di sistemi monoalfabetici che facevano uso di omofoni[13], valori nulli e repertori vari da utilizzare per le parole più frequenti.

I primi rinvenimenti di scritture occulte nella Repubblica di Venezia risalgono al XIII secolo. Si tratta di normali messaggi in chiaro che avevano solamente alcuni nomi e parole cifrati, un po' come succedeva in pieno periodo medievale dove si celavano i nomi propri per non far sapere di chi si stesse parlando.

L'uso sistematico delle cifre, però, inizia a Venezia nel XV secolo. Il più antico messaggio cifrato conservato nell'archivio di Stato di Venezia è una lettera del 28 giugno 1411 ad opera del doge Michele Steno indirizzata a Fantino Michael e Bartolomeo Nani. Si tratta di un sistema monoalfabetico con omofoni con un repertorio molto limitato.

Nei messaggi diplomatici di questo secolo, comunque, continua l'usanza medievale, che abbiamo citato precedentemente, di cifrare solo le parti più importanti del testo, lasciando tutto il resto del testo in chiaro.

Meritevole di una menzione è anche Giovanni Soro, che verso la fine del XV secolo accrebbe una grande fama di progettista di cifrari. Rimase per molto tempo famoso come esperto crittoanalista per via dei suoi ragguardevoli successi nell'essere riuscito a decrittare un gran numero di cifre nemiche.

A partire dal 1506, Giovanni Soro ricoprì per primo la carica di Segretario alle Cifre, magistratura incaricata dal Consiglio dei Dieci di decifrare i messaggi in codice. Nel 1510 aveva già

---

[13] Che vuol dire che ad ogni segno in chiaro corrisponde uno e un solo segno del cifrato e viceversa

decodificato i cifrari dei maggiori Stati europei, obbligandoli di conseguenza ad elevare i propri standard di sicurezza.

Questa sua opera continua di studio della crittoanalisi e la sua applicazione con successo sulle comunicazioni degli altri Stati, fu di grande aiuto per la repubblica di Venezia per contrastare l'intensa attività di spionaggio che si svolgeva all'epoca sul suo territorio, e che spesso si trovava a doversi confrontare con la professionalità di crittografi come François Viète[14], il francese padre della notazione algebrica.

Sotto la sua guida, l'ufficio cifra veneziano divenne uno dei più avanzati tra quelli degli Stati europei.

L'abilità di Giovanni Soro fu riconosciuta senza ombra di dubbio, e la Repubblica di Venezia cercò pertanto di metterlo nelle migliori condizioni di lavoro, concedendogli due assistenti e uno studio all'interno del Palazzo Ducale, presso la Sala dei Segreti, fino al 1542. Anche la Curia Romana, per volere di Papa Clemente VII, si avvalse spesso dei suoi servigi per testare l'affidabilità dei propri codici.

Rimase però sempre il dubbio sul fatto che Giovanni Soro, per fedeltà a Venezia, avesse di proposito rassicurato il Papato sull'impenetrabilità dei propri codici, quando invece in realtà erano stati da lui già decifrati, questo per evitare un ulteriore innalzamento dei parametri di sicurezza da parte del Papa, che

---

[14] François Viète è stato un matematico e politico francese. Come matematico è noto soprattutto per l'introduzione di notazioni algebriche sintetiche capaci di rendere gli sviluppi deduttivi più compatti e più stringenti; egli si può ritenere una delle figure eminenti del periodo rinascimentale.

avrebbe sicuramente danneggiato il proprio lavoro, o quantomeno lo avrebbe rallentato.

Nel XVI secolo erano in uso a Venezia dei nomenclatori con una base monoalfabetica con omofoni e nulle, sillabari, e un dizionario a repertorio di parole o prefissi. Proprio di questo tipo era la cifra diplomatica utilizzata dai Baili[15] di Costantinopoli nella corrispondenza con Venezia. Anche in questo caso, le lettere utilizzate erano in parte in testo chiaro e in parte in cifrato. Si trattava in effetti di un vero e proprio codice che usava però ancora dei segni di fantasia.

Tuttavia, c'è da constatare che, nella seconda metà del XVI secolo, i segni di fantasia vengono progressivamente abbandonati e ci si dedica a segni formati da lettere e numeri in varie combinazioni. In questo modo ne trae vantaggio la semplicità d'uso. Infatti, gli addetti alla cifra non dovettero più imparare a leggere e a scrivere nuovi segni, in quanto erano sufficienti solamente lettere e numeri, e poi, cosa molto importante, era che la sicurezza del codice non ne risentiva.

A partire dagli anni intorno al 1600, invece, si diffondono sempre di più i cifrari composti da soli numeri, nella maggior parte dei casi composti da tre cifre; l'uso di numeri risulta essere ancor più semplice e pratico e pertanto resterà in uso fino al XX secolo.

---

[15] In generale i Baili erano ambasciatori residenti con autorità su una colonia principale e sui cittadini veneziani presenti nella nazione. I Baili veneziani risiedevano in tutti i principali paesi mediterranei. Col tempo tali figure scomparvero progressivamente, sostituite da ambasciatori inviati e da altri funzionari residenti, i Consoli, con giurisdizione sulle colonie di cittadini veneziani all'estero. Solo il caso di Costantinopoli sopravvisse fino alla fine della Repubblica.

Nel corso degli ultimi due secoli della repubblica di Venezia, pertanto, si affermò sempre di più la tendenza generalizzata della semplificazione, con l'utilizzo di liste cifranti sempre più ordinate; l'operazione di cifratura in questo modo era più semplice, ma ovviamente era molto facilitato anche il nemico quando tentava di ricostruire il cifrario.

Nel Settecento la decadenza crittografica fa ulteriori passi in avanti. Si assiste infatti ad un uso delle cifre che avviene sempre più raramente, e i cifrari risultano essere sempre più ordinati, e quindi sempre più deboli e suscettibili di attacchi esterni. Uno degli ultimi cifrari della repubblica di Venezia mostra solo un monoalfabetico e un sillabario, entrambi ordinati con notevole indebolimento della sicurezza.

-----æ-----

Nel frattempo però che si svolgeva la storia crittografica di Venezia, venne ampliato il nomenclatore e, a parte la diversità dei segni cifranti, tutte le cifre italiane nel periodo rinascimentale seguirono questo modello.

Esempi evidenti ci furono anche alla corte Francese del XVII secolo, dove si riscontra un suo utilizzo persino da parte dei nobili francesi in esilio. Tale sistema fu in uso anche nella telegrafia segreta attorno alla seconda metà dell'Ottocento.

Eccezioni a questo sistema si debbono al Cardinale Richelieu intorno al 1640 su consiglio di Antoine Rossignol, che è stato un crittologo francese dell'epoca del Re Sole, tanto abile nella sua arte che il termine francese "rossignol" indica tuttora il grimaldello, come mezzo per aprire qualsiasi porta chiusa. Si tratta di repertori invertiti con gruppi cifranti variabili, con due documenti per cifrare e decifrare con omofoni per le singole lettere.

Altri esempi si riscontrano nelle corrispondenze tra Luigi XIV e il suo maresciallo alla fine del '600. La loro corrispondenza, con 11.125 gruppi cifranti diversi, veniva considerata "sicura", ed infatti fu sempre cifrata con lo stesso repertorio.

Dopo Luigi XIV la crittografia francese volse al declino, tanto che sotto Napoleone veniva utilizzato un repertorio di soli 200 gruppi, quasi privo di omofoni ed applicato solo ad alcune parti dei dispacci. Sembra che questa debolezza crittografica sia stata uno dei fattori che portarono alla ritirata di Russia nel 1812.

Altre cifre papali del XVI secolo utilizzarono, cosa abbastanza rara nella storia della crittografia, la cifratura con polifoni. Il nomenclatore di tali cifre era costituito da circa 300 voci, tutte cifrate con gruppi di tre cifre.

-----æ-----

Abbiamo visto sinora come è stata utilizzata la crittografia nel Rinascimento e qual è stata la sua evoluzione. Dedichiamoci ora nei paragrafi successivi, invece, alle varie tecniche crittografiche che si sono sviluppate nel periodo rinascimentale, iniziando dal famosissimo disco cifrante di Leon Battista Alberti.

8.1 Il disco cifrante di Alberti

Leon Battista Alberti, nato a Genova nel 1404, è stato un architetto, scrittore, matematico, umanista, crittografo, linguista, filosofo, musicista e archeologo italiano. Fu una delle figure artistiche più poliedriche del Rinascimento. Un suo costante interesse era la ricerca delle regole pratiche e teoriche, che fossero in grado di guidare il lavoro degli artisti.

Nelle sue opere indicò alcuni canoni da seguire, allo scopo di dare un punto di riferimento agli artisti. Ad esempio, nel "*De statua*" espose le proporzioni del corpo umano, nel "*De pictura*" fornì la prima definizione della prospettiva scientifica, e infine nel "*De re aedificatoria*", opera cui lavorò fino alla morte nel 1472, descrisse tutta la casistica relativa all'architettura moderna, sottolineando l'importanza del progetto e le diverse tipologie di edifici a seconda della loro funzione.

L'aspetto innovativo delle sue proposte, soprattutto in ambito architettonico e anche umanistico, consisteva nella rielaborazione moderna dell'antico, cercato come modello da emulare, e non semplicemente da replicare.

Alberti fu anche un geniale crittografo, ed è per questo motivo che stiamo qui a parlarne. Egli inventò un nuovo metodo di cifratura polialfabetica che rappresenterà una vera svolta nella storia della crittografia occidentale.

Il suo metodo consisteva nel generare messaggi criptati con l'aiuto di un apparecchio, conosciuto col nome di disco cifrante. Sua fu infatti l'idea di passare da una crittografia con tecnica monoalfabetica, tipica del vecchio cifrario di Cesare, ad una con tecnica polialfabetica, codificata teoricamente parecchi anni dopo da Blaise de Vigenère, famoso crittografo che vedremo nei prossimi paragrafi.

Il trattato sulle cifre di Leon Battista Alberti attualmente esiste in sole 15 copie manoscritte, e sono conservate in alcune biblioteche italiane e straniere. Si intitola *"De Componendis Cifris"*, o conosciuto anche semplicemente come il *"De Cifris"* come riportato dai vari copisti che si sono succeduti. Stampato nel 1568 a Venezia in traduzione italiana con il titolo *"La Cifra"*, il trattato è stato apprezzato per la sua importanza solo nella prima metà del XX secolo.

C'è da sottolineare che questo disco e i relativi cifrari non ottennero subito il successo che avrebbero meritato, un po' per la maggior complicazione del dispositivo e dei metodi di cifratura, ma anche e forse soprattutto per la decisione dell'Alberti di tenere segreto il suo trattato.

Alla fin fine, i suoi manoscritti sembrano essere sopravvissuti fino ai nostri giorni più in virtù della notorietà dell'autore che per il loro contenuto intrinseco.

Entrando nel vivo dell'argomento, Leon Battista Alberti descrive nel modo seguente il suo metodo, che consiste nella sostituzione polialfabetica con alfabeti mischiati, cambiati saltuariamente in maniera segreta.

Egli dice, in sostanza, che per questa operazione, sia il mittente e sia il ricevente devono usare apparecchi identici, detti dischi cifranti, che comprendono due alfabeti posti alla periferia di due dischi concentrici di diverso diametro. Il disco maggiore contiene le venti lettere di uso più comune in carattere maiuscolo e in ordine alfabetico, seguite dalle cifre arabe da 1 a 4. Il disco minore, detto mobile, porta invece un alfabeto di ventiquattro lettere minuscole, disordinate a propria discrezione, da usare come segni cifrati.

Questo che segue è un esempio del disco cifrante.

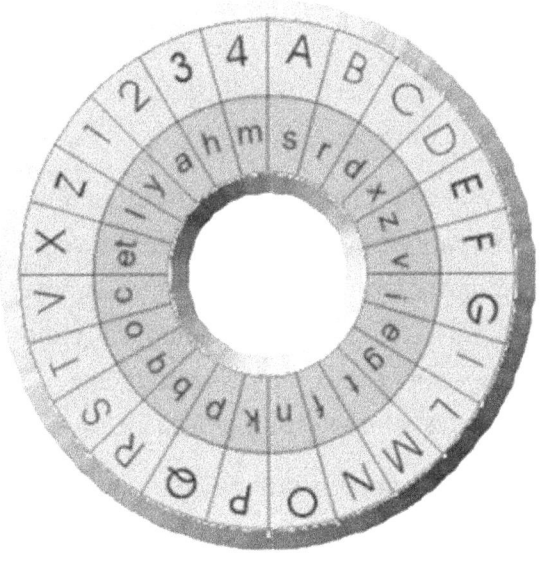

Il disco cifrante di Alberti (Foto di pubblico dominio)

Un primo modo di utilizzo di questo disco cifrante è quello per il quale, concordata con il corrispondente una lettera indice fra le minuscole, si segnala in testa al crittogramma qual è la lettera maiuscola che si trova inizialmente in corrispondenza della lettera indice. Si cifrano poi alcune lettere del testo, ricavando sul cerchio interno le loro corrispondenti. Ogni due o tre parole si cambiano le posizioni relative dei due dischi, scrivendo la lettera maiuscola che adesso viene a trovarsi contro la lettera indice. Cifrando ogni tanto un numero singolo si può ottenere una lettera nulla.

È chiaro che l'uso di queste lettere maiuscole nel cifrato potrebbe insospettire il decifratore avversario. Potrà quindi risultare preferibile convenire come indice una delle lettere maiuscole che, cifrata a piacere, indicherà al corrispondente la posizione iniziale dei due dischi. Lo spostamento relativo dei dischi sarà allora segnalato cifrando uno dei quattro numeri. La lettera minuscola così ottenuta, verrà quindi posta sotto la lettera indice e la cifratura potrà ricominciare.

Con questo sistema, la segnalazione del cambio dell'alfabeto avviene ad intervalli irregolari, con segnalazione segreta delle nuove lettere chiave, producendo un crittogramma di fronte al quale il crittoanalista si trova disorientato dal continuo, erratico cambiamento di valori e non può assolutamente mettere a frutto eventuali equivalenze chiaro-cifrato già scoperte.

Parliamo ora della sopra-cifratura che è stata descritta nella sua opera.

Dopo aver preparato una tabella di 336 gruppi numerici, formata disponendo per due, per tre e per quattro le cifre 1, 2, 3, 4, si può assegnare a ciascun gruppo una frase convenzionale senza seguire l'ordine alfabetico, ottenendo in questo modo un piccolo repertorio.

Volendo inserire nel crittogramma una di queste frasi, basterebbe cercare il numero corrispondente e cifrarlo come se fosse una parola in chiaro. Disponendo di due elenchi, uno ordinato alfabeticamente e l'altro numericamente, si potrebbe usare agevolmente il primo per cifrare e il secondo per decifrare. Questo, in effetti, corrisponde alla descrizione moderna di un codice a due parti sopra-cifrato.

Il trattato termina con la figura del disco cifrante e la tabella dei 336 gruppi numerici da 11 a 4444. Segue in appendice un accenno alla possibilità di trasmettere le frasi del codice anche per mezzo di segnalazioni ottiche.

8.2 La tabula recta

Tra gli ideatori dei vari metodi polialfabetici, una particolare importanza ha Johannes Trithemius, che realizzò nel 1508 la tabula recta, che sarà poi la base del cifrario di Vigenère, che vedremo in seguito.

L'abate tedesco Trithemius, detto anche Tritemio, nasce il primo Febbraio del 1463, conosceva l'ebraico, il latino, il greco ed era un profondo studioso dalla mente aperta e recettiva. Nel 1479, come riportano eminenti storici, ebbe l'incontro con un Maestro dei Rosa Croce, leggendario ordine segreto fondato nel XV secolo e la cui conoscenza venne diffusa nel XVII secolo, associato con i simboli della rosa e della croce, e questo incontro gli cambiò decisamente la vita.

Nel 1483, Trithemius, all'età di 20 anni, entra in un monastero benedettino di cui diviene presto Abate. Molti lo giudicavano santo, altri un mago, sta di fatto che anche personaggi illustri come Paracelso, noto alchimista, astrologo, medico e considerato il primo erborista e farmacista della storia poiché diresse la sua ricerca verso le sostanze prodotte o ricavate dalle piante in grado di curare le malattie dell'uomo, e Cornelio Agrippa, noto medico, cabalista e filosofo, si recavano da lui per consulti e scambi di opinioni.

In seguito, fu deposto dalla carica di Abate dai suoi stessi monaci, forse esasperati dalla fama del loro Abate così attivo di cui si vociferava che avesse la mania di evocare morti illustri. Tritemio si ritirò quindi volontariamente a vivere in solitudine nell'Abbazia di San Giacomo, scrivendo numerosi manoscritti e meditando, sino al 1516 anno della sua morte.

Il forte desiderio di Tritemio era quello di lasciare al mondo in eredità tutto il suo sapere riguardante la comunicazione possibile attraverso metodi non conosciuti. Non voleva però, allo stesso tempo, che queste informazioni cadessero in mani sbagliate o, peggio ancora, fossero vittime della mannaia della censura ecclesiastica. Nascose quindi le nozioni misteriose all'interno di manoscritti, apparentemente insignificanti, che furono però giudicati sempre troppo espliciti e che quindi subirono ugualmente delle mutilazioni da parte della Chiesa.

Proprio in uno di questi manoscritti Tritemio elaborò la tabula recta, ma non solo. Tritemio, elaborò addirittura 40 sistemi principali e 10 sottosistemi secondari, sfruttando non solo varie combinazioni di acronimi, ma anche usando dei dischi rotanti basati sulla sostituzione mono-alfabetica di Cesare. In questa cifratura il posto di ogni lettera del messaggio è preso dalla lettera che si trova ad una distanza di x posti nell'alfabeto ordinario, dove x, nel caso dell'alfabeto completo di 26 lettere, è un numero compreso tra 1 e 25.

Vediamo ora di approfondire maggiormente il funzionamento della tabula recta.

La tabula recta è formata da 26 righe, ognuna con tutte le lettere dell'alfabeto inglese scalate di una posizione verso sinistra rispetto alla riga superiore, come si può vedere nella figura seguente.

Ogni riga *n* costituisce un alfabeto di sostituzione per le diverse lettere che devono essere cifrate, creando una corrispondenza tra posizione n-sima e riga n-sima: abbiamo quindi 26 alfabeti cifranti.

La prima lettera rimane immutata, mentre la seconda lettera viene sostituita con la corrispondente lettera del secondo alfabeto nella seconda riga, la terza con quello della terza riga, e così via.

Facciamo un esempio tenendo in considerazione la tabella sottostante, così capiremo meglio il suo funzionamento.

Se volessimo per esempio crittografare la parola **CIAO**

Il suo corrispondente cifrato sarebbe **CJCR**

	A	B	C	D	E	F	G	H	I	J	K	L	M	N	O	P	Q	R	S	T	U	V	W	X	Y	Z
A	A	B	C	D	E	F	G	H	I	J	K	L	M	N	O	P	Q	R	S	T	U	V	W	X	Y	Z
B	B	C	D	E	F	G	H	I	J	K	L	M	N	O	P	Q	R	S	T	U	V	W	X	Y	Z	A
C	C	D	E	F	G	H	I	J	K	L	M	N	O	P	Q	R	S	T	U	V	W	X	Y	Z	A	B
D	D	E	F	G	H	I	J	K	L	M	N	O	P	Q	R	S	T	U	V	W	X	Y	Z	A	B	C
E	E	F	G	H	I	J	K	L	M	N	O	P	Q	R	S	T	U	V	W	X	Y	Z	A	B	C	D
F	F	G	H	I	J	K	L	M	N	O	P	Q	R	S	T	U	V	W	X	Y	Z	A	B	C	D	E
G	G	H	I	J	K	L	M	N	O	P	Q	R	S	T	U	V	W	X	Y	Z	A	B	C	D	E	F
H	H	I	J	K	L	M	N	O	P	Q	R	S	T	U	V	W	X	Y	Z	A	B	C	D	E	F	G
I	I	J	K	L	M	N	O	P	Q	R	S	T	U	V	W	X	Y	Z	A	B	C	D	E	F	G	H
J	J	K	L	M	N	O	P	Q	R	S	T	U	V	W	X	Y	Z	A	B	C	D	E	F	G	H	I
K	K	L	M	N	O	P	Q	R	S	T	U	V	W	X	Y	Z	A	B	C	D	E	F	G	H	I	J
L	L	M	N	O	P	Q	R	S	T	U	V	W	X	Y	Z	A	B	C	D	E	F	G	H	I	J	K
M	M	N	O	P	Q	R	S	T	U	V	W	X	Y	Z	A	B	C	D	E	F	G	H	I	J	K	L
N	N	O	P	Q	R	S	T	U	V	W	X	Y	Z	A	B	C	D	E	F	G	H	I	J	K	L	M
O	O	P	Q	R	S	T	U	V	W	X	Y	Z	A	B	C	D	E	F	G	H	I	J	K	L	M	N
P	P	Q	R	S	T	U	V	W	X	Y	Z	A	B	C	D	E	F	G	H	I	J	K	L	M	N	O
Q	Q	R	S	T	U	V	W	X	Y	Z	A	B	C	D	E	F	G	H	I	J	K	L	M	N	O	P
R	R	S	T	U	V	W	X	Y	Z	A	B	C	D	E	F	G	H	I	J	K	L	M	N	O	P	Q
S	S	T	U	V	W	X	Y	Z	A	B	C	D	E	F	G	H	I	J	K	L	M	N	O	P	Q	R
T	T	U	V	W	X	Y	Z	A	B	C	D	E	F	G	H	I	J	K	L	M	N	O	P	Q	R	S
U	U	V	W	X	Y	Z	A	B	C	D	E	F	G	H	I	J	K	L	M	N	O	P	Q	R	S	T
V	V	W	X	Y	Z	A	B	C	D	E	F	G	H	I	J	K	L	M	N	O	P	Q	R	S	T	U
W	W	X	Y	Z	A	B	C	D	E	F	G	H	I	J	K	L	M	N	O	P	Q	R	S	T	U	V
X	X	Y	Z	A	B	C	D	E	F	G	H	I	J	K	L	M	N	O	P	Q	R	S	T	U	V	W
Y	Y	Z	A	B	C	D	E	F	G	H	I	J	K	L	M	N	O	P	Q	R	S	T	U	V	W	X
Z	Z	A	B	C	D	E	F	G	H	I	J	K	L	M	N	O	P	Q	R	S	T	U	V	W	X	Y

8.3 Il cifrario di Bellaso

Giovan Battista Bellaso è stato un altro importante studioso nell'ambito della crittografia che merita di essere menzionato. Pubblicò tra il 1553 e il 1564 tre opere di crittologia contenenti alcuni cifrari polialfabetici di notevole importanza.

A lui va il primato per alcune idee che hanno poi avuto larga diffusione, prima tra tutte quella del "verme" letterale ripetuto, introdotto nella sua tavola del 1553 e in quella migliorata del 1555.

Si trattò di un'idea che poi fu ripresa da G. B Della Porta, che tra l'altro non citò la fonte, e da Vigenère che invece menzionò Bellaso ricordando di averlo conosciuto a Roma. Personaggi che comunque vedremo in seguito in quanto anche loro hanno fatto la storia della crittografia rinascimentale.

Bellaso fu il primo a proporre di individuare la serie degli alfabeti messi in gioco per mezzo di una frase convenuta, oltre ad insegnare vari metodi per formare alfabeti cifranti mescolati allo scopo di liberare i corrispondenti dalla necessità di scambiarsi dischi o tabelle precompilate.

Nel 1553 venne pubblicata l'opera "*La cifra del sig. Giovan Battista Bellaso, gentiluomo bresciano*", libro lui stesso presentò con toni enfatici.

Vi propongo uno stralcio di come lui lo descrisse, col linguaggio ovviamente del Cinquecento".

"*La qual cifra, benché sia stampata contiene in se questa maravigliosa bellezza, che tutto il modo potrà usarla, & nientedimeno, l'uno non potrà leggere quello che scrive l'altro; se non solamente quei che haveranno tra loro, un brevissimo contrassegno; come in questo medesimo foglio s'insegna, insieme con la sua dichiarazione, & col modo d'adoperarla"*.

Si tratta quindi di uno dei primi esempi di cifra polialfabetica, e del primo esempio di verme letterale scritto ripetutamente sopra il testo in chiaro come chiave di cifratura.

Come funzionava questo sistema?

L'idea era quella di ricavare cinque alfabeti involutori disordinati da una parola convenuta, versetto, frase o motto. Le lettere della parola segreta venivano scritte all'inizio a sinistra intercalate su due righe; le rimanenti lettere dell'alfabeto venivano invece scritte ordinatamente di seguito.

Un esempio che lo stesso Bellaso cita è il seguente.

Data la parola chiave **IOVE**, il primo alfabeto derivato (alfabeto latino di 20 lettere posta V=U) è

I O A B C D F G H L
V E M N P Q R S T X

La seconda lista si ottiene spostando circolarmente la seconda riga:

I O A B C D F G H L
X V E M N P Q R S T

Si va avanti così via fino ad ottenere cinque alfabeti, ed ognuno di questi sarà identificato da un gruppo di quattro lettere, come riportato nella tabella qui sotto.

D V Q	I O A B C D F G H L V E M N P Q R S T X
O F E R	I O A B C D F G H L X V E M N P Q R S T
A G M S	I O A B C D F G H L T X V E M N P Q R S
B H N T	I O A B C D F G H L S T X V E M N P Q R
C L P X	I O A B C D F G H L R S T X V E M N P Q

A questo punto, si deve concordare un altro motto segreto, o verme come lo definiva Bellaso, per esempio **OPTARE MELIORA**; le lettere di quest'ultimo servono a selezionare l'alfabeto da usare.

Volendo allora cifrare la frase "**Inviare truppe domani**" si ha:

Verme	O					P					T		
Chiaro	I N V I A R E					T R U P P E					D O M A N I		
Cifrato	X C O X E G A					A I C H H D					M T D X F S		

La chiave consiste quindi di due parti: quella per generare le liste involutorie, nell'esempio che abbiamo fatto è **IOVE**, e quella per il cambio di alfabeto cifrante **OPTARE MELIORA**.

Si tratta in sostanza di un cifrario polialfabetico, dove il cambio di alfabeto avviene per parola secondo la lettera della parola chiave.

Alla fin fine è un meccanismo meno segreto di quello del disco dell'Alberti che abbiamo visto, ma certamente più sicuro della molto più nota tavola di Vigenère che vedremo in seguito.

A questo punto, per una migliore comprensione di questo cifrario, è opportuno chiarire meglio il suo funzionamento.

La lettera **O** affianco alla parola verme è la prima lettera del motto segreto e corrisponde alla prima parola in chiaro **INVIARE**.

Ora, dobbiamo individuare nella tabella qui sopra in che alfabeto compare la lettera **O**. È nel secondo alfabeto dove c'è scritto **OFR**.

A questo punto cominciamo a cifrare la parola **INVIARE**.

Se ci fate caso, la lettera **I** di **INVIARE** corrisponde nel secondo alfabeto alla lettera **X**, la **N** alla **C**, la **V** alla **O**, la **I** di nuovo alla **X**, la **A** alla **E**, la **R** alla **G**, e infine la **E** alla **A**.

Ecco quindi che la parola in chiaro **INVIARE** diventa **XCOXEGA**, che è il suo equivalente cifrato, come descritto sopra, e così via anche con le altre parole.

La decifrazione di questo sistema avveniva nello stesso modo utilizzato per la procedura di cifra. Per decifrare, infatti, bisognava scrivere il testo cifrato sotto il contrassegno e si ricavava così il testo in chiaro usando, allo stesso modo, la stessa tavola. Un aspetto molto interessante di questo sistema di cifratura è quello di essere simmetrico, essendo stato l'alfabeto diviso in due liste involutorie e cioè che sono vicendevolmente cifra/decifra dell'altra.

Un secondo sistema elaborato da Bellaso prevedeva la sua tavola messa in forma quadrata, ed appare qui evidente l'analogia con la tavola di Vigenère che vedremo.

La differenza con un Vigenère disordinato sta solo nel modo di generare gli alfabeti disordinati usando liste involutorie e generando così un sistema di cifratura e decifratura simmetrico. Questa è una caratteristica che sarà poi ripresa in molti cifrari ed in particolare in molte macchine cifranti, la più nota fra tutte è la macchina Enigma.

Nel 1555, due anni dopo la cifra del 1553, Bellaso pubblicò un fascicoletto di otto pagine intitolato" *Novi et singulari modi di cifrare de l'eccellente dottore di legge messer Giovanni Battista Bellaso nobile bresciano*". In questo libricino Bellaso presentò un terzo e un quarto modo di cifrare.

Il terzo modo ripropone la tavola del 1553 con diversi miglioramenti per renderla più sicura, dove i gruppi di lettere non sono più in ordine alfabetico ma disordinati.

Per quanto riguarda invece il quarto modo, Bellaso ripropone, come la tavola del 1553, anche questa tavola quadrata con una simmetria dovuta alla natura involutoria.

In definitiva, quest'opera del 1555 non è altro che una continuazione del primo libro e contiene una tavola compilata spostando metà dell'alfabeto in modo regolare, ma gli alfabeti e la sequenza delle lettere indicatrici sono mescolati per mezzo di una parola chiave concordata, che può essere diversa per ciascun corrispondente.

Nel 1564 Bellaso pubblica infine *"Il vero modo di scrivere in Cifra con facilità, prestezza, et securezza di Misser Giovan Battista Bellaso, gentil'huomo bresciano"*. Questo trattato è il riepilogo e la logica continuazione di entrambi i lavori precedenti. Gli alfabeti che formano queste tavole sono generati mnemonicamente per mezzo di una breve parola chiave anche incoerente. La cifratura può essere eseguita parola per parola o una lettera per volta, con o senza lettere indicatrici e la aperiodicità è incrementata.

8.4 La tavola Della Porta

Giovanni Battista Della Porta, conosciuto anche come Giambattista o Giovambattista Della Porta, è stato un filosofo, alchimista, commediografo e scienziato italiano durante il periodo del Rinascimento.

Nel 1563 pubblicò un'opera di crittografia, il *"De Furtivis Literarum Notis vulgo de ziferis"*, nel quale descrive il primo esempio di sostituzione poligrafica cifrata con accenni al concetto di sostituzione polialfabetica. Per quest'opera Della Porta è ritenuto il maggiore crittografo del Rinascimento. In questo periodo, quando già la sua fama si era consolidata, presentò il suo libro sulla crittografia al re Filippo II di Spagna e viaggiò anche in Francia e in Italia.

Cerchiamo allora di approfondire i contenuti principali di quest'opera molto importante per la crittografia.

Nel suo libro parla di una tabella 20x20 con tutti i possibili digrammi[16] cifrati con simboli di fantasia, che lui chiama tavola digrafica[17]. Ogni digramma è cifrato usando la prima lettera come colonna e la seconda come riga, così per esempio l'articolo **IL** viene cifrato con il simbolo ✖.

La decifratura viene effettuata andando a cercare il simbolo nella tabella, operazione indubbiamente scomoda e lenta. Per semplificarla, però, i segni grafici non sono distribuiti a casaccio, ma secondo criteri facilmente riconoscibili osservando la tavola. Ogni colonna è costruita partendo da un simbolo base e variandolo con rotazioni di multipli di 90°, aggiunta di puntini, pallini e consimili segni grafici.

Visto la complessità di utilizzo di questa tabella, Della Porta, sempre nella sua opera *"De furtivis literarum notis vulgo de ziferis"*, al capitolo XII, descrive la tavola digrafica, una tavola rettangolare composta da 5 colonne e da 4 righe che ricorda quella di Polibio che abbiamo visto in precedenza, ma adattata all'alfabeto latino composto da 20 lettere, per il quale basta appunto una tavola

---

[16] Un digramma è una sequenza di due grafemi (o lettere) che identificano graficamente un fonema indipendente dal valore fonologico singolarmente assunto dalle lettere che lo compongono.

[17] Fatta a gruppi di 2 lettere.

5x4. Le righe e le colonne sono indicate con le prime cinque lettere maiuscole dell'alfabeto.

#	A	B	C	D	E
A	a	e	i	o	s
B	b	f	l	p	t
C	c	g	m	q	uv
D	d	h	n	r	x

Questo che segue è un esempio utilizzato da Della Porta nel suo libro:

Testo in chiaro:

p a t r i a h o s t i l i o b s i d i o n e l a b o r a t

Testo cifrato:

dbaaebddcaaabddaeaebcacbcadaabeacaadcadacdbacbaaabda ddaaeb

La tavola di Della Porta, come quella di Polibio, comportava un raddoppio della lunghezza del testo. Produceva quindi dei testi cifrati piuttosto lunghi ma contenenti solo 5 caratteri diversi, in questo caso A B C D E, ma si potrebbe utilizzare anche un'altra cinquina di lettere dell'alfabeto.

Pertanto, per spiegare meglio questo sistema, ogni lettera del testo in chiaro corrisponde a due lettere del testo cifrato.

Per esempio, la prima lettera **p** del testo in chiaro, se guardate sulla tabella, è correlata ai due caratteri corrispondenti della riga e della colonna a cui la **p** appartiene, quindi alla **D** e alla **B**, e così via per tutte le altre lettere.

Inoltre, Della Porta, nel capitolo XVI del suo libro, introduce il cifrario della tabella riprodotta qui sotto, che è poi quello suo più noto e che porta in genere il nome di "Tavola Della Porta".

Si tratta di uno dei primi esempi di cifra polialfabetica, anche se in realtà in buona parte ricalca la tavola Bellaso, di un decennio precedente, e per questo gli furono mosse le accuse di plagio nei confronti di Bellaso.

La cifra in effetti è molto simile alla prima cifra del Bellaso pubblicata nel suo primo opuscolo del "*La cifra del sig. Giovan Battista Bellaso, gentiluomo bresciano*", il quale denuncia senza fare nomi questa appropriazione indebita della sua invenzione senza neanche esserne citato come l'autore.

Della Porta in effetti non cita mai le fonti delle cifre che descrive, ed in questo caso è evidente che l'ispirazione sia venuta appunto dal fascicolo del Bellaso, di qualche anno anteriore alla prima edizione dell'opera di Della Porta.

Egli si limita ad aggiungere solo l'importante raccomandazione di usare liste disordinate al posto dell'esempio che è quasi identico a quello del Bellaso, ma poi non porta alcun esempio di questo tipo, a differenza del Bellaso che nella tavola pubblicata nel 1555 usa appunto liste disordinate e chiavi molto lunghe.

In ogni modo, il cifrario di Della Porta si basa su una tavola come quella qui sotto ripresa tale e quale dal libro, e di una chiave o verme, parola segreta da convenire tra i due corrispondenti che andrà scritta ripetutamente sotto il testo chiaro.

Chiave		Testo in chiaro									
A B	A N	B O	C P	D Q	E R	F S	G T	H V	I X	L Y	M Z
C D	A Z	B N	C O	D P	E Q	F R	G S	H T	I V	L X	M Y
E F	A Y	B Z	C N	D O	E P	F Q	G R	H S	I T	L V	M X
G H	A X	B Y	C Z	D N	E O	F P	G Q	H R	I S	L T	M V
I L	A V	B X	C Y	D Z	E N	F O	G P	H Q	I R	L S	M T
M N	A T	B V	C X	D Y	E Z	F N	G O	H P	I Q	L R	M S
O P	A S	B T	C V	D X	E Y	F Z	G N	H O	I P	L Q	M R
Q R	A R	B S	C T	D V	E X	F Y	G Z	H N	I O	L P	M Q
S T	A Q	B R	C S	D T	E V	F X	G Y	H Z	I N	L O	M P
V X	A P	B Q	C R	D S	E T	F V	G X	H Y	I Z	L N	M O
Y Z	A O	B P	C Q	D R	E S	F T	G V	H X	I Y	L Z	M N

La procedura di cifra prevedeva che l'addetto alla cifra avrebbe dovuto scrivere il testo in chiaro e sotto di esso il verme ripetuto a sufficienza sino a coprirla nella sua lunghezza. Per ogni lettera del chiaro e del verme, poi, doveva cercare nella tavola la riga con la lettera del verme, e quindi la lettera del testo in chiaro nella riga; come cifra usava la lettera accoppiata, sotto o sopra.

Facciamo un esempio esplicativo.

Se la lettera del testo in chiaro è **C** e quella corrispondente del verme è **H**, prenderemo la seconda riga, **CD**, e cercheremo la **H** che ha sotto di sé la **T**; quindi la cifra di **C** sarà **T**.

A tal proposito, Della Porta presenta un esempio in latino che qui riporto in forma abbreviata; il messaggio in chiaro è:

"Bella fortissime gesta svnt, et bellis partim compositis ..."
Mentre la chiave è **"Castvm foderatvm Lvcretia"**.

Secondo questo sistema, quindi, la cifratura avviene in questo modo:

Chiaro
BELLAFORTISSIMEGESTASVNTETBELLISPARTIMCO MPOSITIS

Chiave
CASTVMFODERATLVCRETIACASTVMFODERATLVC RETIACASTVM

Cifrato
NROOPNDMHTBFNTTFXHDVFIADVEVPQXTACQIEVQ NLTCCFNDZM

Per quanto riguarda inoltre la procedura di decifrazione, un aspetto interessante di questa cifra è quello di essere simmetrica, essendo stato l'alfabeto diviso in due liste di lettere che sono vicendevolmente cifra/decifra dell'altra. Sostanzialmente, quindi, la funzione di cifra è identica a quella di decifra.

Infine, come per la tavola di Bellaso, anche la tavola di Della Porta può essere messa in forma quadrata analoga a quella del Vigenère, e valgono anche qui le stesse considerazioni che abbiamo fatto per la tavola di Bellaso.

8.5 La tabella di Vigenère

Blaise de Vigenère è stato un diplomatico, crittografo, traduttore e alchimista francese. Nel 1586 pubblicò un cifrario, che fu ritenuto per secoli inattaccabile, godendo di una fama in buona parte immeritata essendo molto più debole di altri cifrari polialfabetici precedenti, quali ad esempio il disco cifrante dell'Alberti, o le cifre del Bellaso.

In sostanza, Vigenère propose un nuovo metodo di cifratura di sostituzione polialfabetica a chiave simmetrica. Questo metodo era basato sull'idea che la debolezza del codice monoalfabetico si può superare rendendo la cifratura di un carattere dipendente dalla posizione che il carattere occupa nel testo.

La chiave, detta anche verme, è una stringa la cui lunghezza determina quella dei blocchi in cui viene diviso il testo in chiaro. Il verme viene quindi scritto ripetutamente sotto il messaggio fino a coprirne tutta la lunghezza. Ogni lettera del messaggio va sostituita con un'altra di **n-1** posizioni più avanti nell'alfabeto, dove **n** è il valore ordinale della lettera corrispondente nella chiave.

Il cifrario di Vigenère può essere considerato un'estensione più moderna, almeno per l'epoca, del codice di Cesare, in quanto anziché spostare le lettere di un numero determinato di posizioni, venivano spostate in base a una chiave.

Un fattore molto importante è che non c'è più una corrispondenza bi-univoca fra i caratteri del testo in chiaro e del crittogramma, non permettendo quindi un'analisi delle frequenze.

Per la decifrazione si procede in modo analogo ordinando ripetutamente la chiave sotto il testo cifrato, ed eseguendo la differenza modulo 26 coppia per coppia dei caratteri.

Per facilitare la cifratura, Vigenère utilizzò una tavola in cui per trovare il carattere cifrato era sufficiente individuare il carattere in chiaro sulla prima riga e poi il carattere del verme sulla prima colonna. L'incrocio delle due posizioni serviva ad individuare automaticamente il carattere cifrato.

Vediamo un esempio applicativo della cifratura Vigenère.

Poniamo di avere i seguenti dati:

Chiave (o verme): **DANTE**

Testo in chiaro: **LASCIATE OGNI SPERANZA**

Proviamo ora a cifrare il testo in chiaro con questo sistema.

Come mostrato nella tabella sottostante, la chiave viene posta in linea con la colonna della lettera **A** dell'alfabeto normale e da ogni lettera della chiave prosegue l'alfabeto.

Se noi ora poniamo in linea il testo in chiaro e la chiave, il risultato del vertice dell'ascissa e dell'ordinata di ogni lettera mi darà il testo cifrato.

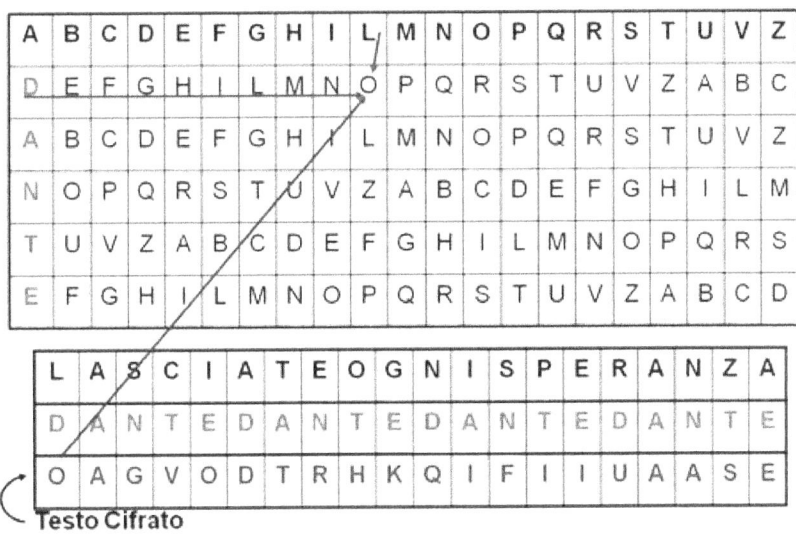

Testo Cifrato

In definitiva, la lettera iniziale **O** del testo cifrato è data dall'intersezione tra la **D** della chiave e la **L** del testo in chiaro e così via per tutte le lettere.

Infine, per decifrare il messaggio, chi lo riceveva doveva semplicemente usare il metodo inverso, ossia sottrarre invece che sommare.

La fama della cifratura Vigenère è durata per molti anni anche dopo la scoperta del primo metodo di crittoanalisi e la successiva formalizzazione da parte del maggiore Friedrich Kasiski: il Metodo Kasiski del 1863.

Il primo a realizzare un attacco di successo su una modificazione del cifrario di Vigenère, nel lontano 1854, era stato Charles Babbage, un pioniere delle scienze computazionali, ma l'analisi è stata pubblicata da un altro ricercatore, Friedrich Kasiski 9 mesi dopo, che vedremo in seguito.

8.6 La corrispondenza cifrata di Maria Stuart

Dobbiamo premettere che storicamente le lotte intestine nell'Inghilterra del XVI secolo tra le cugine Elisabetta Tudor e Maria Stuart, detta Stuarda, non erano scatenate solo da motivi religiosi ma c'era dell'altro. Infatti, Maria vantava qualche pretesa alla successione al trono d'Inghilterra, basata sul fatto che Enrico VIII, prima di morire, avesse designato gli Stuart ad ereditare il regno qualora si fosse esaurito il ramo dei Tudor (il che puntualmente avvenne, alla morte di Elisabetta, con l'incoronazione di Giacomo, primogenito di Maria).

Elisabetta, dal canto suo, che era di religione anglicana, si dimostrò quasi sempre tollerante nei confronti della cugina Maria che invece era cattolica. Uno dei motivi sostanziali è da ricercare nel fatto che non voleva che il proprio nome restasse legato a una soluzione brutale di quello che molti, già allora, giudicavano un conflitto di religione.

Elisabetta decise allora di firmare la sua condanna a morte solo quando ebbe prove schiaccianti di un fallito complotto. Maria Stuart salì sul patibolo l'8 febbraio 1587, nel castello di Fotheringay. Con lei finiva il cattolicesimo in Inghilterra.

Cos'era successo in effetti? Perché Maria Stuart era stata addirittura condannata a morte? Vediamo la cronaca di quei tragici momenti.

Maria, che era regina di Scozia, fu accusata di alto tradimento. Secondo le accuse, avrebbe partecipato ad un complotto mirante a sopprimere Elisabetta e a sostituirla successivamente sul trono di Inghilterra. Il Segretario di Stato, Sir Francis Walsingham, aveva già arrestato i cospiratori e, dopo averli costretti a confessare, li aveva consegnati al boia.

A questo punto intendeva dimostrare che anche la Stuart meritava la morte, giacché era al corrente della congiura e vi aveva partecipato attivamente. Walsingham sapeva bene che Elisabetta non avrebbe firmato la condanna se non fosse stata certa della colpevolezza della Stuart.

I cospiratori erano nobili cattolici decisi a sbarazzarsi della protestante Elisabetta per insediare sul trono un sovrano della loro fede. Non v'era dubbio sul fatto che essi considerassero la Stuart il loro principale riferimento politico. Questo non significa però che le loro trame abbiano avuto la sua benedizione. In realtà l'hanno avuta e per Walsingham la sfida sta nel dimostrarlo. Egli doveva procurarsi prove inconfutabili che collegassero la regina di Scozia ai congiurati che aveva già fatto condannare.

La situazione di Maria pareva così disperata, ma non lo era. Essa aveva avuto cura di cifrare tutta la corrispondenza che aveva scambiato con i congiurati. Sulle lettere al posto di parole e frasi essa aveva vergato simboli privi in apparenza di significato. Anche nel caso che Walsingham fosse venuto in possesso di alcune di quei messaggi non avrebbe potuto penetrarne il significato e gli sarebbero stati del tutto inutili. Questo però a condizione che la cifratura avesse resistito.

Purtroppo per Maria, Walsingham non era solo il Segretario di Stato ma anche, come diremmo oggi, il capo del controspionaggio. Appena visti alcuni di quei messaggi egli subito capì chi poteva riuscire a volgerli in chiaro. Questi era Thomas Phelippes, il miglior decrittatore di Inghilterra. Da anni egli era riuscito a venire a capo dei crittogrammi scambiati tra i nemici della Corona. Se fosse riuscito a violare la corrispondenza tra Maria e i cospiratori, pensò Walsingham, la sorte della regina sarebbe segnata. Al contrario, se la cifratura avesse resistito, essa avrebbe avuto salva la vita.

Il metodo crittografico impiegato non era una classica sostituzione monoalfabetica ma un nomenclatore composto da un alfabeto cifrante e da un codice. Esso faceva uso di 23 simboli da sostituire alle lettere dell'alfabeto in chiaro, escluso le lettere j, v e w, e di 35 simboli che rappresentavano parole o frasi. C'erano inoltre quattro "nulli" e un simbolo che indicava che il simbolo seguente rappresentava una lettera doppia.

Phelippes, il crittoanalista incaricato di decifrare la corrispondenza di Maria, era forse il più esperto dell'epoca, basandosi sull'analisi delle frequenze, era solo questione di tempo per giungere a capo dell'algoritmo. Era così affezionato al proprio lavoro da gettarsi sui messaggi della Stuart dimenticando perfino di cibarsi. Il suo metodo consisteva nel contare quante volte ogni simbolo compariva in un messaggio e nell'attribuire un significato provvisorio ai più frequenti. Così a poco a poco era in grado di isolare le nulle, spesso usate allora nei messaggi cifrati per disorientare eventuali crittoanalisti, e le accantonava. Gli altri simboli di solito non resistevano a lungo, così che alla fine restava una manciata di parole in codice il cui significato lo si evinceva palesemente dal contesto.

Decifrata in tal modo la lettera inviata da Babington alla Stuart nella quale vi era la proposta di eliminare la sovrana d'Inghilterra, Phelippes la inoltrò immediatamente al suo superiore. Una volta avuto quindi le prove in mano che la Stuarda era coinvolta nel complotto, diedero ordine di catturare e destinare a orribili torture e lenta morti i suoi complici. Maria continuò a dichiararsi estranea al complotto, e alla fine però si rimise alla clemenza dei giudici, i quali non ne ebbero affatto e la fecero pertanto decapitare pochi giorni dopo.

Ci troviamo, dunque, di fronte a uno dei molteplici casi dove il filo della vita di una persona è appeso alla robustezza dell'algoritmo di crittografia usato. In questo caso, la tecnica usata da Maria Stuarda e i suoi complici per cifrare i messaggi segreti, è la sostituzione monoalfabetica, potenziata dall'utilizzo di un codice la cui tecnica è chiamata "Nomenclatura".

Nel caso di Maria Stuarda, le parole che essa utilizzava più frequentemente venivano fatte corrispondere a simboli prestabiliti, mentre il resto del messaggio veniva cifrato normalmente.

Così si apriva l'era del noto "Nomenclatore", vale a dire un elenco di parole che si usavano frequentemente e nomi propri, che venivano cifrati utilizzando una serie di simboli o parole convenzionali scelte precedentemente. I primi nomenclatori risalgono al 1326, ma ben presto si evolvono inserendo in questi codici dei simboli che non corrispondono a nessuna lettera del messaggio in chiaro, chiamate "nulle".

8.7 La "Gran Cifra"

Una delle più resistenti cifrature monoalfabetiche della nuova generazione del Rinascimento fu indubbiamente la "Grande Chiffre" di Luigi XIV.

La "Gran Cifra" consisteva nel sostituire non le singole lettere come abbiamo visto nei sistemi precedenti, ma gruppi di lettere con numeri, presi a caso, ed ovviamente comunicati al ricevente del messaggio. Questo sistema rendeva praticamente inutile l'analisi della frequenza dei caratteri.

Facciamo un esempio.

Volendo cifrare la parola **AT TAC CHI**, essa poteva diventare **56 112 34**

È chiaro che se non si conosce a cosa corrisponde ogni gruppo di lettere la decifrazione risulta essere quasi impossibile.

Questo sistema crittografico era utilizzato per crittare la corrispondenza riservata del re e rendere in tal modo inaccessibili ai potenziali avversari i suoi piani, i suoi intrighi e le sue mosse politiche.

Una curiosità della Gran Cifra è che un messaggio crittato con questo sistema coinvolse una delle personalità più misteriose della storia francese, la Maschera di Ferro, che la forza della Gran Cifra rese incomprensibile ed inutilizzabile il suo contenuto per circa duecento anni.

Fu decifrata 200 anni dopo da un certo Bazeries, il quale riuscì a risalire all'identità della Maschera di Ferro. Infatti, la decrittazione delle lettere di Luigi XIV ai propri ministri, ha consentito di ricostruire l'identità del prigioniero misterioso custodito a Pinerolo. Si trattava di Vivien de Bulonde, generale incaricato della conquista di Cuneo. Costui, all'arrivo delle truppe austriache, si fece prendere dal panico e scappò abbandonando munizioni e feriti. Per questo motivo fu condannato a non mostrare mai più il proprio volto, a motivo della colpa molto infamante per un militare.

Vediamo ora invece chi fu l'ideatore di questo sistema e come esso nasce.

La Gran Cifra fu inventata nel 1626 da un nucleo familiare di crittografi, padre e figlio, Antoine e Bonaventure Rossignol, che è stato già citato precedentemente all'inizio di questo capitolo.

Questi i fatti.

Durante la guerra contro i protestanti, il principe di Condé[18] aveva posto l'assedio a Réalmont. La città resisteva con tutte le forze e le truppe francesi rischiavano di essere decimate dalle malattie. Condé dovette allora decidere se attaccare subito o se togliere l'assedio.

Dopo un po' optò per la ritirata, ma nel contempo fece prigioniero un soldato che era al servizio degli Ugonotti, perché aveva tentato di passare le linee nemiche. All'uomo fu trovato addosso un documento contenente una poesia così brutta che fu chiaro a tutti che nascondeva un messaggio segreto.

Lo Stato Maggiore di Condé si mise all'opera per la decifrazione ma, ben presto, si rese conto di non riuscire nell'impresa. Fu in quel momento disperato che un ufficiale si ricordò di conoscere un gentiluomo di campagna della zona, studioso appassionato di matematica e di crittografia. Si trattava di Antoine Rossignol, che riuscì nella stessa giornata in cui gli fu consegnato, a decifrare il messaggio.

Nel testo c'erano importanti indicazioni sulla reale condizione degli Ugonotti nella città assediata, poiché scarseggiavano le munizioni e nello scritto si paventava la resa della città se non fosse stata inviata subito una spedizione in suo soccorso. Condé restituì a tarda sera il documento, con la decifrazione del messaggio segreto nascosto nella poesia, agli assediati di Réalmont e la mattina seguente la città si arrese.

---

[18] Condé, il cui titolo di Principe di Condé si riferiva al principato di Condé-en-Brie, nel dipartimento dell'Aisne, erano un ramo collaterale della Casa Reale di Francia.

Dopo questo importante servigio, i Rossignol furono ammessi a corte con incarichi di rilievo, prima al servizio di Luigi XIII poi del suo successore il Re Sole che fu così colpito da tanta abilità che fece spostare i loro uffici accanto ai suoi appartamenti, in modo che potessero svolgere un ruolo di primo piano nell'elaborazione della politica diplomatica francese. Fu proprio in quel contesto che elaborarono la Gran Cifra.

Il maggior merito dei Rossignol fu quello di intuire la possibilità di un sistema crittografico molto più resistente di quelli utilizzati in precedenza. In effetti il metodo da loro ideato era così forte da essere riuscito a sventare tutti i tentativi dei crittoanalisti stranieri di impadronirsi dei segreti francesi.

Il cifrario dei Rossignol rimase in uso sino alla fine del 1700 durante il regno di Luigi XIV ed impiegato a seguito dell'istituzione di un servizio permanente di decrittazione, divenuto famoso come "Cabinet noire" (Camera nera), e già esistente durante il regno di Enrico IV, da loro riorganizzato e reso più efficiente.

Resterà per lunghissimo tempo il servizio primo fra tutti quelli d'Europa, e sarà completato durante il regno di Luigi XV che riuscirà a violare il servizio di cifra impiegato a Vienna per cui riceverà, regolarmente, copie dei messaggi decifrati due volte alla settimana.

Purtroppo, dopo la morte dei Rossignol la crittografia francese si deteriorò molto, sia sotto il governo di Luigi XV, che sotto Luigi XVI, fino a toccare il fondo con Napoleone Bonaparte. Infatti, i messaggi francesi, durante la campagna di Russia venivano costantemente intercettati e decrittati dai russi: ciò è stato probabilmente, a detta degli storici, uno dei motivi della disfatta napoleonica.

I successori di Rossignol non furono all'altezza del loro predecessore e, purtroppo, dopo la sua morte i suoi codici non furono più usati ed i particolari del loro funzionamento furono dimenticati. Ciò rese illeggibili numerosi documenti conservati negli archivi francesi.

Il servizio di cifratura francese, infine, scomparve per due motivi: l'attività fu orientata maggiormente verso il servizio di spionaggio mentre l'azione disinvolta delle cosiddette "Camere nere" europee, che leggevano tutta la posta che partiva ed arrivava dalle corti reali, indusse gli ambasciatori ad evitare l'impiego della posta reale ed a ricorrere sistematicamente alla valigia diplomatica, molto più lenta ma più sicura.

Il "Cabinet noir", in seguito venne soppresso durante la Rivoluzione, infatti, il 10 agosto 1790 la Costituente dichiarò l'inviolabilità della corrispondenza, principio che verrà affermato con una legge del 1850.

9. La crittografia moderna

Dopo il gran fiorire di crittoanalisti del Rinascimento, nella storia della crittografia c'è una pausa di circa 200 anni, durante i quali non furono fatti molti progressi. Unica eccezione fu la Gran Cifra che abbiamo visto nel capitolo precedente.

Dal 1700 in poi le grandi potenze europee, ad eccezione come abbiamo visto della Francia, rendendosi conto di quanto fosse importante sia la crittografia e sia la crittoanalisi, ebbero la loro "camera nera", che abbiamo già visto, ossia un centro di decifrazione e di raccolta dei dati. La camera nera più organizzata e temuta fu quella austriaca.

L'efficienza delle camere nere e più tardi l'invenzione di due potenti mezzi di comunicazione quali il telegrafo e la radio, nonché l'alfabeto Morse, aumentarono la necessità di proteggere i messaggi. Infatti, le comunicazioni inviate tramite telegrafo o attraverso la radio a grande distanza con l'alfabeto Morse, che ricordiamo non era un alfabeto cifrante ma un alfabeto sostitutivo, resero necessario adoperarsi per trovare il modo di proteggere sempre meglio i messaggi. Così, i sistemi monoalfabetici vennero abbandonati quasi del tutto per passare a quelli polialfabetici, primo fra tutti quello di Vigenère, che ritornarono in voga.

In effetti, questi nuovi mezzi di comunicazione, la radio in particolare, rendevano ancora più facili e frequenti le intercettazioni da parte di nemici. Il ricorso alla crittografia diventò quindi inevitabile, come la necessità di dotarsi di cifrari sempre più sofisticati.

Tuttavia, partendo dalla considerazione che un testo cifrato abbastanza lungo ha molte regolarità, nel momento in cui queste vengono individuate possono portare alla scoperta della parola chiave, perché quando la distanza fra due sequenze uguali nel testo in chiaro è un multiplo della lunghezza della parola chiave, allora anche le corrispondenti sequenze nel testo cifrato sono uguali fra loro. È questo il cosiddetto test di Kasiski, dal nome del colonnello prussiano che pubblico nel 1863 i risultati della sua scoperta, e che vedremo in questo capitolo.

9.1 Pigpen

La cifratura Pigpen, che in inglese vuol dire porcile, sì, proprio così, il recinto per i maiali, era usata dai massoni del Settecento per proteggere i loro archivi.

Le origini della Massoneria sono oggetto di controversia. A parte i miti di fondazione che gli stessi massoni hanno forgiato, l'evidenza documentale ci dice che si trattò di un lungo processo che si svolse in Gran Bretagna nel XVII secolo, probabilmente a partire dalla Scozia.

Di cosa si tratta?

Il Pigpen è un cifrario monoalfabetico a sostituzione, ove a ogni lettera corrisponde un unico simbolo che utilizza come chiave grafica quattro griglie, e che venne impiegato come alfabeto segreto dalla Massoneria a partire dal XVIII secolo, soprattutto in area statunitense, per tenere i registri segreti e per la corrispondenza. Si ispira in modo un po' confuso all'alfabeto ebraico.

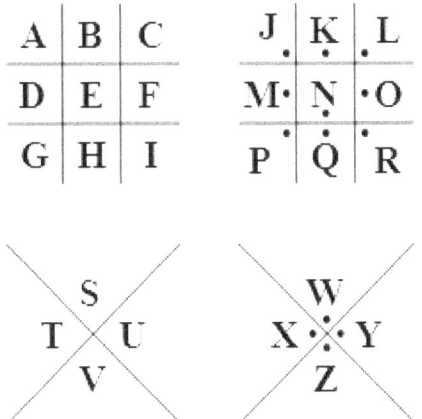

Per crittare una lettera, si trova la sua posizione in una delle quattro grate, poi si disegnano le linee, e ove ci sono i puntini, che sono parte dell'alloggiamento della lettera stessa. In pratica, ogni lettera è associata a un luogo di una griglia, è quindi caratterizzata dal disegno grafico di quel luogo.

Ad esempio, secondo le quattro grate del Pigpen:

La lettera **A** viene crittata con 」

La **B** diventa invece ⌞⌟

La **S** diventa \/ e così via tutte le lettere dell'alfabeto.

In definitiva, come avete avuto modo di constatare, anche rispetto agli altri sistemi crittografici che abbiamo visto sinora, si tratta di uno schema di crittografia molto semplice, definito tecnicamente debole.

9.2 Il dispositivo di Jefferson

Thomas Jefferson, divenuto Presidente dal 1801 al 1809, all'epoca in cui era Segretario di Stato americano inventò nel 1790 un sistema composto da cilindri e dischi ruotanti intorno ad un asse.

L'idea gli venne dopo aver trascorso quattro anni in Francia, tra il 1785 e il 1789, in cui venne inviato come diplomatico a Parigi.

Si rese conto in quel periodo della necessità di cifrare le comunicazioni diplomatiche, avendo rilevato che i Francesi intercettavano e leggevano tutta la corrispondenza diplomatica.

Questo apparecchio, fino alla Seconda guerra mondiale fece da base per molti apparecchi usati dall'esercito degli Stati Uniti per cifrare e decifrare i messaggi in codice.

Il cilindro era lungo 15 cm e largo 4. Questo cilindro era formato da 36 ruote della stessa misura. Ognuna di esse aveva all'esterno tutte le 26 lettere dell'alfabeto ma con ordine casuale, e diverso nelle varie 36 ruote. Ogni ruota aveva un numero. Il testo cifrato veniva composto inserendo le varie ruote in un ordine prestabilito, ed è proprio quest'ordine che rappresenta la chiave da comunicare al destinatario.

Il cilindro di Jefferson (http://www.nsa.gov/)

Come era il suo funzionamento nello specifico?

Il messaggio in chiaro andava prima di tutto diviso in blocchi di **n** lettere ciascuno, riempendo di nulle i posti eventualmente avanzati alla fine; se il messaggio era più lungo di **n** si ripeteva il seguente procedimento per ogni blocco.

Si cercava quindi sulla prima ruota la prima lettera del testo in chiaro, quindi si cercava la seconda lettera sulla seconda ruota e la si posizionava accanto alla prima lettera, poi si cercava la terza lettera del chiaro sulla terza ruota e la si posizionava accanto alle prime due e così via fino a quando il testo in chiaro appariva perfettamente leggibile sulla riga scelta. Come cifrato si sceglieva a caso un'altra riga spostata di **m** posizioni rispetto al chiaro e lo si trasmetteva.

La decifrazione del messaggio era anch'essa semplice per il destinatario che doveva, ovviamente, possedere un cilindro con lo stesso numero di ruote, uguali e posizionate in modo identico.

Doveva solo cercare ordinatamente le lettere del cifrato sulle ruote successive del cilindro e posizionarle tutte sulla stessa riga; a questo punto doveva cercare tra le altre 25 righe fino a trovare una riga con un messaggio leggibile. Non era quindi necessario comunicare **m**; infatti le altre righe contenevano tutte, tranne una, sequenze casuali di caratteri.

In definitiva, la chiave segreta di questo metodo stava tutta nella struttura del cilindro: ogni ruota consisteva di una permutazione dei 26 caratteri alfabetici.

Il livello di sicurezza di questo cifrario era quindi molto elevato, ma c'era una rilevante debolezza operativa: se il cilindro con le ruote fosse caduto nelle mani del nemico, cosa tutt'altro che impossibile, questi avrebbe potuto leggere il messaggio in chiaro con la stessa facilità del destinatario.

Fu comunque un sistema molto sicuro, ma nonostante le buone caratteristiche di sicurezza, non divenne molto famoso. Fu il comandante Etienne Bazeries, un crittoanalista militare francese che abbiamo già citato in occasione della Gran Cifra e della scoperta della Maschera di ferro, a creare una seconda versione di questo dispositivo che prese il nome di Cilindro di Bazeries. Questa volta il sistema ebbe successo tant'è che fu utilizzato dall'esercito degli Stati Uniti dal 1923 al 1942.

9.3 L'alfabeto Carbonaro

La Carboneria fu una società segreta di impronta liberale che operò in Italia. Nata nel Regno di Napoli, inizialmente come forma di opposizione alla politica filo-napoleonica di Gioacchino Murat, e allargatasi poi nel Regno delle due Sicilie, durante la prima metà del XIX secolo. Fece successivamente seguaci in Francia ed in Spagna, puntando sulle libertà politiche e sulla concessione di una costituzione nei paesi d'Europa.

I carbonari fecero uso di un particolare cifrario per impedire che i loro messaggi venissero facilmente decifrati, soprattutto per recapitare messaggi importanti durante i Moti del 1830-1831.

Essi adottarono un proprio codice alfabetico che si basava su un cifrario di sostituzione delle lettere, compensando così la scarsa segretezza che dava un cifrario a scorrimento, secondo una tavola di accoppiamento.

Il criterio su cui si basava il loro cifrario, dunque, era in effetti piuttosto semplice, oltre che curiosamente originale.

In sostanza, consisteva nello scambio di 18 lettere dell'alfabeto con altrettante lettere che rappresentavano i suoni a loro più simili.

Ecco, nel dettaglio, il sistema di corrispondenze:

Alfabeto in chiaro	A|B|C|D|E|F|G|H|I|L|M|N|O|P|Q|R|S|T|U|V|Z
Alfabeto crittato	O|P|G|T|I|V|C|H|E|R|N|M|A|B|Q|L|Z|D|U|F|S

Ecco un esempio di testo facilmente calcolabile:

Messaggio in chiaro: **NEL MEZZO DEL CAMMIN**

Messaggio crittato: **MIR NISSA TIR GONNEM**

Da notare che la tavola poteva essere utilizzata anche per decifrare un messaggio cifrato, in quanto ogni lettera era sostituita con un'altra in posizione fissa. Lo scambio delle lettere non era casuale, dato che veniva fatto accoppiando quelle con un tipo di pronuncia simile (esempio, la dentale "d" con la dentale "t"): in questo modo il testo cifrato assumeva l'aspetto di un normale messaggio scritto però in una lingua straniera.

Non essendo propriamente un cifrario a scorrimento, non è debole come questo, ma resta comunque non di estrema difficoltà

nella sua comprensione e dunque facilmente attaccabile ora, un po'
meno lo era al tempo dei carbonari.

Questo tipo di alfabeto è stato usato anche dai carbonari
napoletani della rivoluzione del 1820 e dai carbonari veneti
arrestati pochi mesi prima di quelli milanesi e condannati allo
Spielberg. Infatti, tra i manoscritti di Silvio Pellico, conservati
nell'archivio storico del comune di Saluzzo, si trovano testi scritti
dopo il suo rilascio, in gergo carbonaro, malgrado abbiano carattere
personale e non politico.

9.4 Il cifrario bifido di Delastelle

Il cifrario bifido di Delastelle è un cifrario poligrafico basato su
una matrice 5x5 che, se vi ricordate, era stata utilizzata per la prima
volta nella scacchiera di Polibio, e sarà poi utilizzata anche dal
Playfair Cipher e dall'esercito tedesco con la cifra campale
germanica nella Grande Guerra a partire dagli inizi del 1918, che
vedremo più avanti.

Questo sistema fu inventato da Félix Marie Delastelle,
rappresentante della grande scuola francese, vissuto tra il 1840 e i
1902.

Il metodo di applicazione di questo sistema si articolava
sostanzialmente in tre procedimenti:

1. Il messaggio in chiaro veniva spezzato in blocchi di cinque caratteri ciascuno; se l'ultimo blocco non era esattamente di cinque, gli ultimi posti venivano riempiti di **X**.
2. Ogni lettera del blocco veniva cifrata con due cifre e cioè con l'indice di riga e l'indice di colonna, che venivano scritte in verticale sotto la lettera in chiaro.
3. Le cifre venivano poi riscritte in orizzontale riga dopo riga, ottenendo così un messaggio con un numero di cifre doppio rispetto all'originale.

A questo punto, ogni coppia di numeri veniva ritrasformata in lettera sempre secondo la stessa matrice. Il risultato era il messaggio cifrato da trasmettere.

La matrice poteva essere quella semplice con le lettere dell'alfabeto ordinate (senza la W che può cifrarsi con una doppia V), oppure poteva essere ottenuta con una parola chiave.

Vediamo meglio da vicino come funzionava questo sistema, descrivendolo con qualche esempio e seguendo il procedimento descritto.

Prendiamo come riferimento la matrice sottostante, ottenuta con la parola chiave[19] **COMPUTER**, e cerchiamo di decifrare il seguente messaggio:

URGE INVIO RINFORZI

---

[19] Sostanzialmente è stata inserita nella tabella di riferimento la parola chiave "Computer", seguita dalle lettere dell'alfabeto.

#	*1*	*2*	*3*	*4*	*5*
1	C	O	M	P	U
2	T	E	R	A	B
3	D	F	G	H	I
4	J	K	L	N	Q
5	S	V	X	Y	Z

URGEI-NVIOR-INFOR-ZIXXX

12323   45312   34312   53555

53325   42523   54223   55333

Il messaggio in cifre viene ora raggruppato a due a due e riconvertito in lettere, ottenendo così il messaggio cifrato:

12 32 35 33 25 45 31 24 25 23 34 31 25 42 23 53 55 55 53 33

O F I G B Q D A B R H D B K R X Z Z X G

Delastelle propose nel 1902 anche un cifrario trifido, che fa uso di una matrice tridimensionale 3x3x3, con 27 celle. Ne avanza dunque una che può servire per lo spazio di separazione tra i caratteri o poteva essere utilizzato come carattere di controllo.

Questo sistema estendeva i principi del suo cifrario bifido, e nel contempo combinava le tecniche di frazionamento e trasposizione per ingenerare una certa quantità di confusione in chi si volesse avventurare in una crittoanalisi. Inoltre, ciascuna lettera del testo cifrato dipendeva da tre lettere del testo in chiaro e fino a tre lettere della chiave.

9.5 Il cifrario Playfair

Il cifrario Playfair o definito anche quadrato di Playfair è una tecnica di cifratura simmetrica manuale basata su un cifrario monoalfabetico a due lettere. Questo schema fu inventato nel 1854 dal fisico inglese Sir Charles Wheatstone, ma prende il nome del suo amico Lord Playfair Barone di St. Andrews, che cercò di divulgarne l'uso.

Questo sistema veniva utilizzato per cifrare digrafi[20], anziché una singola lettera come nel semplice cifrario a sostituzione di Vigenère che allora era molto in uso. Playfair è quindi significativamente più difficile da forzare, poiché l'analisi delle frequenze utilizzata per i semplici cifrari a sostituzione non funzionano con esso, visto il sistema particolare di cifratura.

Tuttavia, tecnicamente, l'analisi delle frequenze può essere comunque effettuata, ma il problema è rappresentato dal fatto che

---

[20] Coppie di lettere

sono possibili 600 digrafi invece di 26 monografi. Anche perché non sono ammessi duplicati di lettere, e la lettera **Q** è omessa o combinata con **I** o **J**, quindi il conto è $600 = 25 \times 24$.

L'analisi delle frequenze, pertanto, è comunque possibile, ma risulta essere considerevolmente molto più difficile da applicare, soprattutto lo era a quel tempo con i mezzi di allora e, ovviamente, senza l'utilizzo dei computer. Inoltre, le frequenze relative delle singole lettere hanno un intervallo molto più ampio di quello dei digrafi, rendendo l'analisi delle frequenze ulteriormente complicata. Per questi motivi, a suo tempo, il codice Playfair era considerato praticamente inviolabile.

Entrando nello specifico di questo sistema, dobbiamo dire che il cifrario Playfair si basava sull'uso di una matrice 5×5 contenente una parola chiave. La memorizzazione della chiave, oltre a 4 semplici regole, era tutto ciò che era richiesto per creare la tabella 5 per 5 e utilizzare il codice.

La tabella veniva costruita introducendo le lettere della parola chiave ed eliminando le lettere duplicate, successivamente venivano riempiti gli spazi rimanenti con le lettere non utilizzate dell'alfabeto e messe in ordine.

Essendo 26 le lettere dell'alfabeto inglese e 25 gli spazi nella matrice, occorreva escludere una lettera: generalmente veniva esclusa la "Q", ma alcune versioni mettevano la "I" e la "J" nello stesso spazio mentre altre escludevano la "W", che se necessario poteva essere cifrata con una doppia "V".

La chiave poteva essere scritta a partire dalla prima riga della tabella, da sinistra verso destra, o con un altro percorso a piacere, per esempio a spirale iniziando dall'angolo in alto a sinistra e finendo nel centro. La parola chiave, insieme alla convenzione per riempire la tabella 5 per 5, formavano la chiave di cifratura.

Quello che bisogna fare a questo punto per cifrare un messaggio è dividere il testo in digrafi in modo che, per esempio:

"Messaggio Segreto" diventi "ME SS AG GI OS EG RE TO".

Le lettere di un digrafo individuano un rettangolo nella tabella che ha per vertici opposti le due lettere.

Le regole da applicare per ogni coppia di lettere del testo in chiaro sono 4:

1. Se entrambe le lettere sono le stesse nel digrafo o se la lettera è da sola, si aggiunga un "X" dopo la prima lettera. Bisogna poi cifrare la nuova coppia di lettere e continuare. Alcune varianti usano la "Q" al posto della "X", ma ogni lettera poco comune andrebbe bene.
2. Se le lettere appaiono nella stessa riga della tabella, vengono codificate con le lettere alla propria destra considerando la tabella ciclica.
3. Se le lettere appaiono nella stessa colonna della tabella, vengono codificate con le lettere immediatamente sotto considerando la tabella ciclica.
4. Se le lettere non sono nella stessa riga o colonna, si codificano con le lettere nelle stesse righe rispettivamente ma negli angoli opposti del rettangolo definito dalla coppia originale.

    L'ordine è importante, la prima lettera della coppia codificata è quella che appartiene alla stessa riga della prima lettera nel messaggio in chiaro.

Per decifrare, si utilizzano in maniera inversa queste quattro regole, eliminando ogni "X" (o "Q") non necessaria nel messaggio finale.

Facciamo un esempio pratico per comprendere meglio questa tecnica crittografica, tenendo a mente le regole che sono state esposte qua sopra.

Poniamo che la chiave sia **esempio playfair**.

La relativa tabella apparirebbe così:

E	S	M	P	I
O	L	A	Y	F
R	B	C	D	G
H	K	N	Q	T
U	V	W	X	Z

Proviamo ora a cifrare il messaggio:

Le truppe sbarcheranno a Bari

Raggruppiamo quindi il testo in chiaro ponendo le lettere a due a due, e questo è il risultato:

LE TR UP PE SB AR CH ER AN NO AB AR IX

Ora non ci resta che cifrare questo testo facendo uso della tabella soprastante.

Questo è il risultato del testo cifrato:

OS HG XE IS LK OC RN OH CW HA LC OC PZ

Come è stato raggiunto questo risultato?

Se notate attentamente la tabella, realizzerete che la coppia **LE** è inserita in un quadrato e ne rappresenta i due angoli opposti. Ebbene, queste due lettere vanno sostituite con le lettere che sono opposte negli altri due angoli, ossia **OS**.

Vediamo qualche altra coppia di lettere per capirci meglio.

La coppia **TR** forma un rettangolo e le lettere in questione sono agli angoli opposti. Vengono dunque rimpiazzate dalle lettere **HG**. La coppia **UP** viene rimpiazzata da **XE**, la coppia **PE** si trova nella stessa riga e viene pertanto rimpiazzata da **IS**, e così via per tutte le altre coppie di lettere, applicando ovviamente le 4 regole sopra descritte.

9.6 Il metodo Kasiski

Nel 1863 un ufficiale prussiano di nome Friedrich Kasiski pubblica il primo metodo di decrittazione del cifrario di Vigenère. Esso si basò sul fatto che porzioni ripetute di messaggio, cifrate con la stessa porzione di chiave, risultano segmenti di testo cifrato identici.

In effetti, Kasiski notò che spesso in un crittogramma di Vigénère si possono notare sequenze di caratteri identiche, poste ad una certa distanza fra di loro, intuendo che questa distanza poteva, con una certa probabilità, corrispondere alla lunghezza della chiave, o ad un suo multiplo.

In genere, con il cifrario di Vigénère, la stessa lettera veniva cifrata in modo diverso nelle sue varie occorrenze, come si fa di solito con i cifrari polialfabetici, ma se due lettere del testo in chiaro erano poste ad una distanza pari alla lunghezza della chiave, o un suo multiplo, questo faceva sì che venissero cifrate nello stesso modo.

Individuando quindi tutte le sequenze ripetute, cosa che può essere frequente in un testo lungo, si può dedurre che quasi certamente la lunghezza della chiave risulta essere il massimo comun divisore tra le distanze tra sequenze ripetute, o quantomeno un suo multiplo.

Conoscere pertanto la lunghezza n della chiave, consente di ricondurre il messaggio cifrato ad n messaggi intercalati cifrati con un cifrario di Cesare facilmente decifrabile.

Spieghiamo meglio il concetto di base di questa tecnica crittografica.

Quando una stessa porzione di chiave è utilizzata per cifrare una ripetizione contenuta nel testo da cifrare, essa genera una ripetizione corrispondente nel testo cifrato.

Questo sta a significare che l'intervallo fra due gruppi di lettere cifrate uguali è un multiplo della lunghezza della chiave. L'analisi di questi intervalli può quindi suggerire la lunghezza della chiave, cioè il numero di alfabeti usati per cifrare. È però necessario individuare e scartare le eventuali ripetizioni che siano semplicemente dovute al caso e non alla ripetizione della chiave, di solito, gruppi di lettere non più lunghi di due o tre caratteri.

Questa è la procedura da seguire:

1. Individuare i gruppi di lettere ripetuti ed elencarli indicando le posizioni in cui le loro lettere iniziali si trovano nel crittogramma.
2. Calcolare gli intervalli fra le ripetizioni eseguendo la differenza fra i due numeri.
3. Scomporre questi intervalli in tutti i loro sottomultipli.
4. Individuare i fattori maggiormente ricorrenti, dando più peso a quelli relativi ai gruppi di lettere più lunghi, i quali più difficilmente saranno casuali.

Facciamo un esempio esplicativo.

Poniamo di avere il seguente testo in chiaro:

ARRIVANOIRINFORZI

Con la chiave: **CHIAVECHIAVECHIAVECH**

Il testo cifrato che ne risulta è: **VVIUZVRFUVDRWAVUM**

Facciamo ora l'analisi del testo cifrato.

Le due **R** della parola **ARRIVANO** vengono cifrate la prima con una **V** e la seconda con una **I** come deve essere in un cifrario polialfabetico. Le due **A** invece, fateci caso, vengono cifrate con la stessa lettera **V**.

Come mai?

Il motivo è evidente: le due **A** si trovano a cinque caratteri di distanza l'una dall'altra, e cinque è proprio la lunghezza del verme, o della chiave. Si continua così per tutti i caratteri.

Pertanto, essendo di fatto il cifrario di Vigenère pari a cinque cifrari di Cesare intercalati, una volta individuata la lunghezza **n** del verme, il messaggio si riduce a **n** messaggi intercalati, tutti cifrati con un codice di Cesare. Quindi diventa molto facile completarne la decrittazione.

Le conclusioni che possiamo trarre sono che il Vigenère è affidabile solo quando il verme è di lunghezza comparabile almeno a quella del testo, e non meno, e viene cambiato molto spesso, cosa che all'atto pratico comporta problemi non indifferenti, quali la trasmissione e il cambiamento della chiave in quanto richiedono un canale di comunicazione assolutamente sicuro.

9.7 Il codice Baudot

Il codice Baudot, così chiamato in onore del suo ideatore Émile Baudot, è un sistema di codifica per un set di caratteri utilizzato nelle telescriventi prima della nascita dei sistemi EBCDIC e ASCII.

Il codice originario fu sviluppato nel 1874 con il nome di International Telegraph Alfabet n. 1 (ITA1). Per codificare veniva utilizzata una tastiera a cinque tasti dove ogni tasto corrispondeva ad un bit di un sistema di codifica a cinque livelli. Poi, un sistema meccanico scandiva la tastiera, dopodiché liberava i tasti per permettere l'inserimento del carattere successivo.

Qual è il suo funzionamento?

Si tratta di un codice di 32 caratteri che in qualche modo precorre gli attuali codici informatici come il codice ASCII.

Ogni carattere è infatti codificato con 5 bit (o cifre binarie 0, 1), con un totale di $25 = 32$ caratteri possibili. In effetti, questo numero viene ad essere quasi raddoppiato con un trucco simile a quello usato dalle tastiere: ogni combinazione di bit può infatti avere due significati, il primo come lettera dell'alfabeto, il secondo come cifra o carattere speciale. Per passare da una serie all'altra vengono utilizzati due caratteri speciali: il 27 per passare da lettera a cifra, il 31 per passare da cifra a lettera.

Come è possibile evincere dalla tabella sottostante, oltre a lettere e cifra, compaiono nel codice Baudot anche alcuni codici di controllo, come {cr} che sta per carriage return (ritorno carrello) o {lf} = line feed (avanzamento linea).

Codice	Binario	Lettere	Simboli	Codice	Binario	Lettere	Simboli
0	00000			1	00001	T	5
2	00010	{cr}	{cr}	3	00011	O	9
4	00100	[sp]	[sp]	5	00101	H	#
6	00110	N	,	7	00111	M	.
8	01000	{lf}	{lf}	9	01001	L	)
10	01010	R	4	11	01011	G	&
12	01100	I	8	13	01101	P	0
14	01110	C	:	15	01111	V	;
16	10000	E	3	17	10001	Z	"
18	10010	D	$	19	10011	B	?
20	10100	S	{bel}	21	10101	Y	6
22	10110	F	!	23	10111	X	/
24	11000	A	-	25	11001	W	2
26	11010	J	'	27	11011	{cifr}	{cifr}
28	11100	U	7	29	11101	Q	1
30	11110	K	(	31	11111	{lett}	{lett}

Diversi cifrari nati tra le due guerre mondiali furono esplicitamente progettati in funzione del codice Baudot; così fu per il cifrario Vernam e per le macchine cifranti che realizzavano uno pseudo-Vernam come la tedesca macchina Lorenz, che vedremo in seguito.

Intorno al 1901, il codice originario fu rivisto da Donald Murray, il quale riorganizzò i caratteri, ne aggiunse di nuovi e introdusse i codici *Shift*, che consentivano di cambiare il set di caratteri in uso. Con l'introduzione di questa codifica, si cominciarono ad utilizzare tastiere più moderne.

La codifica dei caratteri fu riorganizzata in modo che i caratteri più utilizzati corrispondessero ad un minore numero di commutazioni e quindi a una minore usura dei meccanismi.

Una ulteriore modifica dovuta essenzialmente alla Western Union fu la rimozione di alcuni caratteri. Quest'ultima versione è nota come codice Baudot oppure International Telegraph Alphabet No 2 (ITA2). Il codice ITA2 viene usato per alcune applicazioni, in particolare tra i radioamatori (RTTY). Inoltre, il codice decimale espresso nella tabella sotto la voce codice, nell'ITA2 viene sostituito dal codice esadecimale.

9.8 Il cifrario nichilista

Il termine nichilismo, dal latino classico *nihil*, "nulla", è stato utilizzato a partire dalla fine del XVIII secolo per designare quelle dottrine che si facevano negatrici non solo di un determinato sistema di valori, ma anche, più radicalmente, della stessa esistenza di una realtà oggettiva.

Il Cifrario nichilista è un sistema simmetrico eseguito manualmente, inizialmente utilizzato dai Nichilisti Russi intorno al 1880 per organizzare attacchi terroristici contro il potere degli zar.

Il termine spesso è esteso anche ad alcuni algoritmi più evoluti utilizzati in epoca più tarda per cifrare le comunicazioni fra il Primo Direttorato centrale del KGB e le sue spie.

In che cosa consiste?

Per realizzare un cifrario nichilista si deve prima di tutto costruire una scacchiera di Polibio utilizzando un alfabeto mescolato, che viene poi usato per convertire sia il testo in chiaro sia la parola chiave in una serie di numeri a due cifre.

Questi numeri sono poi sommati aritmeticamente tra di loro per ottenere il testo cifrato, con i numeri costituenti la chiave ripetuti secondo necessità.

Facciamo un esempio per meglio comprendere questa tecnica crittografica.

Consideriamo la scacchiera di Polibio nella pagina seguente utilizzando la parola chiave **ZEBRAS**.

	1	**2**	**3**	**4**	**5**
1	Z	E	B	R	A
2	S	C	D	F	G
3	H	I,J	K	L	M
4	N	O	P	Q	T
5	U	V	W	X	Y

Poniamo ora di avere il seguente testo in chiaro:

DYNAMITE WINTER PALACE e la chiave **RUSSIAN**.

La trasposizione fornisce i seguenti risultati (*per una questione di spazio i numeri sono espressi in verticale*), dove la prima riga è il testo in chiaro, la seconda la chiave, e la terza il testo cifrato.

2	5	4	1	3	3	4	1	5	3	4	4	1	1	4	1	3	1	2	1
3	5	1	5	5	2	5	2	3	2	1	5	2	4	3	5	4	5	2	2

1	5	2	2	3	1	4	1	5	2	2	3	1	4	1	5	2	2	3	1
4	1	1	1	2	5	1	4	1	1	1	2	5	1	4	1	1	1	2	5

3	106	6	3	6	4	8	2	104	5	6	7	2	5	5	6	5	3	5	2
7		2	6	7	7	6	6		3	2	7	7	5	7	6	5	6	4	7

Come abbiamo ottenuto la trasposizione numerica del testo in chiaro, della chiave e del testo cifrato?

L'abbiamo appena visto, ma è meglio rivederlo nella pratica.

Consideriamo le prime lettere dei due elementi testuali a nostra disposizione sulla tabella di Polibio che abbiamo creato sopra con la chiave ZEBRAS. La **D** di DYNAMITE diventa **23** perché il **2** è il suo corrispondente di riga, mentre il **3** quello di colonna. Il numero 23 viene posto dunque nella prima cella della prima riga della tabella di trasposizione soprastante.

Facciamo ora la stessa cosa con la **R** che è la prima lettera della chiave RUSSIAN. I suoi corrispondenti di riga e colonna nella tabella di Polibio sono **1** e **4**. Mettiamo quindi il numero **14** nella prima cella della seconda riga della tabella di trasposizione soprastante.

Ora non ci resta che crittare questi primi elementi numerici facendo semplicemente la loro somma (23+14=37). Il numero **37** sarà quindi il nostro primo elemento crittato che andiamo a mettere nella prima cella della terza riga della tabella di trasposizione soprastante.

Si continua così con tutte le lettere.

Per quanto riguarda invece la crittoanalisi di questo cifrario, dobbiamo dire che, dato che ogni simbolo sia del testo in chiaro sia della chiave è usato come un numero senza nessun frazionamento il cifrario Nichilista originale è poco più che una versione numerica del cifrario di Vigenère, con numeri a più cifre usati come simboli cifrati al posto delle lettere. Per questo motivo può essere forzato con metodi molto simili.

In seguito, questo cifrario fu modificato e migliorato nella sua tecnica. Infatti, durante la Seconda guerra mondiale molte spie sovietiche comunicavano con Mosca utilizzando due cifrari che erano essenzialmente delle versioni migliorate del cifrario Nichilista.

9.9 Il dizionario Baravelli

Nel 1873 l'ing. Paolo Baravelli pubblicò il testo *"Dizionario per corrispondenze in cifra"*. Si trattava di un classico esempio di codice paginato ordinato, messo in commercio e quindi reso pubblico per un utilizzo diffuso. Fu molto popolare in quell'epoca, e conobbe diverse edizioni, fino alla I guerra mondiale.

In questo testo vi è un elenco di parole e frasi con la rispettiva serie di codici corrispondenti che le sostituiscono, in genere numeri. In questi codici che sostituiscono, le parole sono stampate e quindi fisse; quello che variava era la numerazione delle pagine che i due corrispondenti apponevano a mano e con successione arbitraria ma uguale per i due libri, sia del mittente e sia del ricevente, in modo che un terzo, anche se in possesso di una copia della stessa pubblicazione non poteva decifrare il messaggio in quanto non gli era noto come erano state numerate le pagine.

Com'era composto questa sorta di dizionario?

Sostanzialmente consisteva di quattro parti (tavole):

1. **Vocali e segni**: tavola a una cifra, con 10 vocali e segni.
2. **Consonanti, desinenze, etc.**: tavola a due cifre con 100 tra consonanti, desinenze e altro.
3. **Sillabe**: sillabario a tre cifre, 10 pagine numerabili da 0 a 9, ognuna con 100 gruppi di 2,3,4 lettere, per un totale di 1000 sillabe.
4. **Dizionario**: 100 pagine numerabili da 00 a 99, 100 parole per pagina, in totale 10000 parole.

Vediamo ora quale era il suo funzionamento.

In pratica, il mittente doveva rinumerare le quattro parti in modo da rendere segreta la cifratura. Inoltre, la chiave del cifrario era data da quattro permutazioni, una per ognuna delle quattro parti.

Il numero di permutazioni possibili era complessivamente pari ad un numero astronomicamente grande; ma come è ben noto, la dimensione dello spazio delle chiavi non è di per sé garanzia di sicurezza, al massimo può rallentare la crittoanalisi.

Per comunicare in modo segreto, sia il mittente e sia il destinatario dovevano procurarsi due copie del dizionario, rinumerare a caso le pagine di una delle copie e quindi copiare identicamente i numeri di pagina sulla seconda copia.

9.10 Il cifrario Mengarini

Questo cifrario, pubblicato nel 1898 da Arnaldo Mengarini, ricalca in parte il Baravelli, che abbiamo appena visto, ma con un dizionario più esteso, contando 283 pagine ognuna con 100 parole o gruppi di lettere numerate in ordine alfabetico da 00 a 99. A differenza del Baravelli, non ci sono pagine riservate a lettere singole e sillabe, che sono mescolate alle parole e cifrate con lo stesso criterio. Questo fu attuato per scoraggiare cattivi usi del cifrario, per esempio l'utilizzo preferenziale del cifrario monoalfabetico. I gruppi di lettere senza significato sono evidenziati in grassetto.

Non sembrano esservi omofoni, mentre sono frequenti polifoni limitatamente a parole che hanno significato uguale o simile. La decifra quindi non è univoca e richiede qualche decisione basata sul contesto.

Vediamo ora come era il suo funzionamento.

Come il Baravelli, anche il Mengarini usa la sovra-cifratura, ossia, il testo chiaro viene cifrato con un metodo ottenendo un testo cifrato che viene a sua volta cifrato con un altro metodo. Il mittente quindi deve rinumerare le pagine scrivendo il nuovo numero in testa ad ogni pagina, ma essendovi più di 100 pagine, ogni pagina è identificata da un gruppo di tre cifre da scegliere a caso.

In totale, ogni parola o gruppo sarà quindi cifrata con un gruppo di 5 cifre. Mittente e destinatario dovranno quindi procurarsi due copie del cifrario, rinumerare a caso le pagine di una delle copie e quindi copiare identicamente i numeri di pagina sulla seconda copia. Potranno quindi cifrare un messaggio cercando di volta in volta le parole o i gruppi di lettere necessari.

Un po' più complessa risulta essere invece la decifrazione. Per esempio, dato il gruppo 41722 occorre cercare la pagina numerata 417 e quindi la parola alla riga 22, che, come abbiamo detto sopra, è Forte Fortezza.

Si tratta in conclusione di un codice paginato ordinato e sovra-cifrato, e trattandosi di un cifrario in commercio, quindi pubblico, la sicurezza si basa tutta sulla sovra-cifratura. La chiave è data dalla assegnazione dei 283 numeri di pagina.

10. La crittografia durante le due guerre mondiali

Già dall'inizio della Prima guerra mondiale ci si rese subito conto della necessità impellente che emergeva nell'ambito della riservatezza delle comunicazioni, ossia quella di realizzare una tecnica crittografica che potesse essere in grado di difendere i segreti bellici. Questo in virtù anche del fatto, c'è da sottolineare, che gli anni compresi fra il 1914 e il 1918 furono un susseguirsi di proficui successi solo per la crittoanalisi, mentre, per quanto riguarda la crittografia, non si ebbero novità importanti, anche se furono perpetrati molti tentativi in tal senso.

Quelli furono gli anni delle invenzioni del telegrafo e della radio, e i Francesi furono i primi a comprendere che tali scoperte potevano essere sfruttate al meglio apportando grossi cambiamenti alle comunicazioni crittate.

Pensate che, quando la Prima guerra ebbe inizio, i Francesi avevano già messo in piedi un efficiente Ufficio Cifra; non solo, ma nel 1914 i crittoanalisti francesi dimostrarono con dati alla mano di essere in grado di decifrare i messaggi radio dei tedeschi.

Un ulteriore passo avanti dei Francesi si ebbe quando, nel 1918, il professor Painvin, un abile crittoanalista francese, riuscì a decrittare la cifra campale germanica, metodo utilizzato dall'esercito tedesco nella Grande Guerra già dall'inizio del 1918, e che vedremo nel proseguo di questo libro.

Pertanto, gli unici Paesi organizzati con veri e propri uffici cifra allo scoppio della Guerra erano la Francia, appunto, ed anche l'Austria, la quale riusciva già nel 1914 a decrittare i radiomessaggi russi.

I Russi in un primo momento, forse sottovalutando il potere delle tecniche crittografiche emergenti, non si preoccuparono molto di cifrare i propri messaggi radio, permettendo così ai Tedeschi di intercettare ogni informazione, e anche quando i Russi iniziarono a utilizzare messaggi cifrati, i Tedeschi riuscirono quasi sempre a decrittarli.

Per quanto riguarda invece la Gran Bretagna, dobbiamo dire che anch'essi erano organizzati piuttosto bene; infatti, crittografi britannici si riunivano nella Stanza 40, nome che apparteneva alla stanza dell'ammiragliato inglese, sede dell'ufficio crittografico preposto alla violazione dei codici cifrati tedeschi. In questa stanza venivano decrittate a dir poco migliaia di radiomessaggi della marina tedesca.

Il più noto tra questi fu il famoso "telegramma Zimmermann", con il quale i Tedeschi offrivano un'alleanza ai Messicani in chiave anti-USA. Letto al Congresso degli Stati Uniti, questo messaggio fu uno dei motivi che spinsero gli americani ad entrare in guerra nel 1917.

Negli USA fu adoperato come ufficio cifra il reparto crittologico dei laboratori Riverbanks di Chicago, nel quale lavorava anche William Friedmann, che divenne poi uno dei massimi crittologi e crittoanalisti americani.

Chi era invece del tutto impreparata in ambito crittologico era l'Italia, la quale dovette in un primo tempo appoggiarsi all'ufficio cifra francese. Solo in un secondo tempo, spinta sicuramente dall'urgenza della questione delle comunicazioni segrete e dalla loro inderogabile necessità di utilizzo, fu costituito finalmente anche in Italia un ufficio cifra autonomo che andò sotto la guida di Luigi Sacco.

Luigi Sacco è stato uno dei grandi crittoanalisti del XX secolo, capo dell'ufficio cifra dell'esercito italiano nella Grande Guerra tra il 1916 e il 1918. Sulla base dell'esperienza che aveva maturato durante la guerra scrisse il libro "Manuale di Crittografia", la cui ultima edizione risaliva al 1947, aggiornata con le novità crittografiche della Seconda guerra mondiale.

Il libro ottenne molti apprezzamenti e fu tradotto in francese e in inglese. Si pensi che, dopo oltre settant'anni dalla sua prima edizione, questo manuale è ancora in ristampa ed è considerato un classico della letteratura crittografica, ed è tuttora uno dei più completi testi di crittografia classica in lingua italiana.

Luigi Sacco cercò in tutti i modi di risollevare le sorti dell'Italia dal punto di vista della crittografia, anche perché all'inizio del XX secolo la crittografia in Italia, sebbene storicamente vantasse tradizioni di tutto rispetto, quali i sistemi di Alberti, Bellaso, Della

Porta, etc., in quel periodo di inizio Novecento aveva toccato uno dei suoi livelli più bassi.

Per comprendere le condizioni precarie della crittografia in Italia, basti pensare che a quell'epoca in Italia c'era ancora in uso il cifrario militare tascabile, che era una variante della vecchia e ormai obsoleta tavola di Vigenère, della quale da diverso tempo era noto il metodo di decrittazione di Kasiski, che riusciva praticamente a riportare in chiaro qualsiasi comunicazione perpetrata con quel vecchio sistema.

Si pensi che, prima della venuta di Luigi Sacco, quando il 24 maggio 1915 l'Italia entrò nella Grande Guerra, l'esercito italiano, pur essendo sicuramente in grado di intercettare i messaggi austriaci, non poteva paradossalmente decifrarli poiché non disponeva neanche di un Ufficio Cifra.

In definitiva, fu proprio la Grande Guerra a far scoprire a molti Stati l'importanza che rivestiva la crittografia nello scenario delle strategie di guerra, ruolo che diventerà assolutamente fondamentale e di vitale importanza nella Seconda guerra mondiale.

La ricerca di nuovi sistemi crittografici diede un grande impulso alla crittografia durante il periodo antecedente la Seconda guerra mondiale. Stava nascendo infatti, pian piano l'esigenza di dover usufruire di una crittografia sicura e, soprattutto, veloce e facilmente utilizzabile. Questi i motivi di fondo per cui nacquero le prime macchine cifranti.

Nei primi anni successivi alla Grande Guerra, i crittoanalisti delle varie nazioni implicate nel conflitto iniziarono a pensare che non ci fosse alcuna possibilità di decifrare i dispacci provenienti dalla Germania, o quantomeno era difficilissimo. Questo perché le comunicazioni cifrate tedesche erano diventate le più sicure al mondo, e lo avevano dimostrato durante la Grande Guerra, e continuavano a farlo prima della Seconda guerra mondiale.

Questo loro successo in ambito crittografico era stato possibile grazie all'invenzione di una macchina cifrante cui fu dato il nome di "Enigma", la quale era considerata, a torto, e lo si scoprirà dopo, inattaccabile. In effetti, già nel 1932, quindi dopo diversi anni dalla Prima guerra mondiale, si venne a conoscenza che, prima ancora della salita al potere di Hitler, l'ufficio cifra polacco aveva trovato il modo di forzare la macchina Enigma, e non furono i soli. Attacco crittoanalitico che continuò durante la guerra da parte degli inglesi del progetto ULTRA che continuarono a forzare sistematicamente i messaggi cifrati con l'Enigma, e dal 1941 anche quelli cifrati con la più sofisticata macchina Lorenz.

Si tratta comunque di sistemi crittografici che vedremo entrambi in questo capitolo.

Per quello che concerne invece la situazione degli Stati Uniti, diversi sono stati i casi in cui la crittografia l'ha fatta da padrone durante la Guerra. Lo sbarco in Normandia, per fare solo un esempio tra l'altro molto noto, durante il quale Eisenhower e Montgomery furono in grado di leggere tutti i messaggi degli alti comandi tedeschi che utilizzavano la macchina Lorenz, e sfruttare in questo modo le comunicazioni, falsando a volte alcune informazioni e facendole pervenire ai tedeschi stessi.

In questo modo, gli Americani vennero quindi a conoscenza che Hitler aveva creduto alla falsa notizia di un imminente sbarco alleato nei pressi di Calais, e aveva quindi concentrato le sue migliori truppe in quella zona. Il presidente americano poté quindi tranquillamente ordinare lo sbarco in Normandia sicuro che avrebbe incontrato ben poca resistenza, visto che le truppe dei nemici erano dislocate altrove.

Altro esempio è quello del fronte del Pacifico, dove gli Americani sin dal 1940, un anno prima di Pearl Harbour, avevano realizzato Magic, una macchina in grado di decrittare i messaggi giapponesi cifrati con la macchina Purple.

Per quanto riguarda infine l'Italia, invece, non si ripeterono i successi della Grande Guerra, ovviamente ci riferiamo a quelli sopraggiunti dopo la venuta di Luigi Sacco di cui abbiamo parlato precedentemente, che fu il vero protagonista di quei successi. C'è da dire che lui aveva anche progettato una macchina cifrante piuttosto complessa. Un prototipo di questa era stato messo a punto dalle officine Nistri, ma per motivi incomprensibili, la macchina andò distrutta e non venne quindi mai utilizzata.

Vediamo ora da vicino quali sistemi crittografici erano in uso nel periodo delle due guerre.

10.1 La Cifra Campale Germanica

Il cifrario ADFGVX, conosciuto anche come semplicemente la Cifra Campale Germanica, era un sistema crittografico inventato dal tenente Fritz Nebel nel 1918 ed utilizzato dall'esercito tedesco verso la fine della Prima guerra mondiale.

L'ADFGVX, che era l'evoluzione di un precedente cifrario denominato ADFGX, era un cifrario a trasposizione con frazionamento, il quale combinava una versione modificata della scacchiera di Polibio con una trasposizione colonnare singola.

Questo cifrario prese il nome dalle sole 6 lettere che potevano comparire nel testo cifrato: A, D, F, G, V, X.

Non fu un caso la scelta di queste lettere specifiche; esse furono scelte perché la loro trasposizione nel codice Morse dava luogo a sequenze completamente differenti le une dalle altre, riducendo in questo modo la possibilità di errore umano durante la trasmissione dei messaggi cifrati via telegrafo.

Vediamo ora il funzionamento di questo sistema.

Iniziamo col dire che la composizione iniziale della scacchiera avveniva mediante l'inserimento di un alfabeto mescolato in una scacchiera di Polibio di dimensioni 5x5, come riportato nell'esempio sottostante:

	A	D	F	G	X
A	b	t	a	l	p
D	d	h	o	z	k
F	q	f	v	s	n
G	g	i/j	c	u	x
X	m	r	e	w	y

Essendo le possibili combinazioni solo 25 trattandosi di una tabella 5x5, le 26 lettere dell'alfabeto non rientravano ovviamente nello schema, per cui fu scelto di cifrare le lettere "I" e "J" con lo stesso simbolo. La disposizione delle lettere nella scacchiera era data da una chiave che cambiava quotidianamente.

Facciamo un esempio di cifratura con l'ADFGX.

Poniamo il caso che il messaggio da spedire sia

ATTACK AT ONCE

Utilizzando la scacchiera che abbiamo appena visto, il messaggio viene frazionato nella forma seguente:

A	T	T	A	C	K	A	T	O	N	C	E
AF	AD	AD	AF	GF	DX	AF	AD	DF	FX	GF	
XF											

C A R G O	Il risultato scaturisce poi da una operazione molto simile a quella della trasposizione colonnare: lo si scrive in righe utilizzando una chiave di trasposizione.
A F A D A	
D A F G F	
D X A F A	
D D F F X	
G F X F	

A C G O R	Ora, le lettere della chiave
———	devono essere poste in ordine
F A D A A	alfabetico, e con esse le relative
A D G F F	colonne sottostanti. Quindi, da
X D F A A	CARGO si passa a ACGOR,
D D F X F	ottenendo la seguente nuova
F G F X	disposizione delle colonne.

A questo punto, viene estratto il messaggio cifrato finale dallo schema colonna per colonna secondo l'ordine alfabetico della chiave:

FAXDF ADDDG DGFFF AFAXA FAFX

Le chiavi di trasposizione usate all'epoca erano lunghe una dozzina di caratteri e variavano ogni giorno, come le chiavi di frazionamento.

Pochi mesi dopo l'inizio del suo utilizzo, il cifrario ADFGX fu rivisto e gli fu aggiunta una lettera negli indici, la V, così da portare la dimensione della scacchiera a 6x6 per un totale di 36 possibili combinazioni. In questo modo, era possibile cifrare l'intero alfabeto di 26 lettere più le 10 cifre numeriche. Questo nuovo cifrario fu denominato ADFGVX.

Quella che segue è una scacchiera completa dell'ADFGVX, con al suo interno i corrispondenti codici Morse delle lettere del cifrario:

	A •—	D —••	F ••—•	G ——•	V •••—	X —••—
A •—	8	t	b	w	r	q
D —••	p	4	c	g	2	9
F ••—•	3	o	5	m	x	e
G ——•	d	a	z	j	s	y
V •••—	l	h	7	u	v	0
X —••—	n	1	k	6	i	f

Per quello che concerne la crittoanalisi di questo sistema, il cifrario ADFGX fu critto-analizzato dal luogotenente francese Georges Painvin nell'aprile del 1918 utilizzando un metodo basato sulla ricerca delle ripetizioni delle coppie di simboli.

Il problema principale nel violare questo cifrario era legato al fatto che le occorrenze delle lettere nel messaggio originale non potevano essere identificate semplicemente osservando la loro frequenza, senza conoscere la relativa posizione in cui le due parti del codice erano situate.

Tuttavia, il numero di combinazioni possibili non era molto elevato, e questo si aveva anche quando la chiave era abbastanza lunga, per cui era possibile identificare le frequenze caratteristiche, se il messaggio era discretamente lungo, semplicemente esplorando le coppie di simboli di tutti gli intervalli possibili: da ciò si deduceva la lunghezza della chiave e, conseguentemente, la larghezza della scacchiera.

A questo punto, ottenute le frequenze di ciascuna coppia, si potevano dedurre le prime lettere a partire dalle più frequenti nella lingua in cui il messaggio era scritto e ricavando quelle meno frequenti semplicemente facendo una ricerca in un dizionario. La scacchiera conteneva relativamente pochi simboli (26 lettere e 10 cifre) per cui era possibile terminarne il riempimento abbastanza facilmente.

Anche il nuovo cifrario ADFGVX fu critto-analizzato dallo stesso Georges Painvin, che riuscì nell'impresa il 2 giugno 1918, solamente un paio di mesi dopo aver decrittato il precedente cifrario ADFGX.

10.2 La macchina Enigma

Enigma era una macchina elettromeccanica il cui scopo era quello di cifrare e decifrare messaggi. Nata da un tentativo di commercializzazione poi fallito, fu ampiamente utilizzata dal servizio delle forze armate tedesche durante il periodo nazista e della Seconda guerra mondiale. La sua facilità d'uso, e soprattutto la sua presunta indecifrabilità, furono le maggiori ragioni del suo ampio utilizzo.

Questa macchina fu ideata dall'ingegnere tedesco Arthur Scherbius, il quale creò una società a Berlino, la Scherbius & Ritter, con lo scopo di produrre tale macchina, che mise in vendita la sua prima versione commerciale nel 1923.

C'è da dire che ad onore del vero i crittogrammi prodotti erano effettivamente indecifrabili per l'epoca; tuttavia, molti commercianti e uomini d'affari erano fermamente convinti che la possibilità di utilizzare messaggi sicuri non giustificava comunque l'alto costo che aveva la macchina Enigma.

Entrando un po' più nello specifico, possiamo dire che si trattava di una macchina elettromeccanica composta da ruote con i caratteri incisi sul bordo, e con contatti elettrici in corrispondenza delle lettere su entrambi i lati. Il testo in chiaro, digitato su di una tastiera, veniva riprodotto utilizzando i caratteri della prima ruota, la quale a sua volta costruiva un nuovo alfabeto utilizzando i caratteri della seconda, e poi della terza, e così via.

Tutte le ruote, e potevano essere parecchie, venivano "scalate", in modo che la sostituzione delle lettere fosse ogni volta diversa. La chiave, inoltre, consisteva nel settaggio iniziale delle ruote, che potevano essere posizionate in una quantità di posizioni diverse tanto alte quante più erano le ruote utilizzate.

In linea di puro principio, quindi, l'Enigma può essere considerata come un'estensione del metodo del cifrario di Vigenère munita del disco di Leon Battista Alberti.

La differenza principale sta nel fatto che i dischi cifranti sono più di uno, posti fra loro "in cascata", e che manca qui la chiave, detta anche verme, che invece era un elemento essenziale nella cifratura di Vigenère.

Ecco com'era il suo *modus operandi*.

L'operatore riceveva il messaggio scritto. Man mano che pigiava sulla tastiera una lettera del testo in chiaro, sulla "tastiera luminosa" compariva la corrispondente lettera cifrata e l'operatore la registrava su un foglio.

Al termine della cifratura, il foglio sul quale era stato scritto il messaggio cifrato veniva consegnato al marconista che lo trasmetteva via radio o via filo, a seconda del mezzo trasmissivo da usare al momento.

Analogamente si procedeva in decrittazione: l'operatore di Enigma riceveva dal marconista o da chi per lui il messaggio cifrato, lo batteva sulla tastiera effettiva e le lettere in chiaro comparivano via via sulla "tastiera luminosa".

(La foto della macchina Enigma è nella pagina successiva)

Enigma nella sua scatola.
Esemplare al National Cryptologic Museum - Washington

Oggi come oggi è facile implementare questo sistema via software ed è abbastanza sicuro, può tuttavia essere infranto, ma lo fu anche allora.

Infatti, tra il 1939 e il 1940 un gruppo di matematici inglesi guidati da Alan Turing (l'ideatore della macchina astratta di calcolo) progettarono e costruirono una macchina, chiamata "Bombe", con cui riuscirono a decifrare i messaggi tedeschi.

La Bomba fu una macchina calcolatrice speciale che venne utilizzata dapprima dal controspionaggio polacco ed in seguito da quello inglese per decifrare i messaggi segreti tedeschi codificati con la macchina Enigma.

Nonostante fosse stata modificata e potenziata nell'arco del suo periodo di utilizzo, un nutrito gruppo di esperti riuscì a violarla dopo essersi impegnato a lungo con questo intento.

I primi a decifrarla nel 1932 furono un gruppo di matematici polacchi: Marian Rejewski, Jerzy Różycki e Henryk Zygalski.

Il loro lavoro ha permesso di ottenere ulteriori informazioni sulla sempre più aggiornata macchina dei tedeschi "Enigma", prima in Polonia e, dopo lo scoppio della guerra, anche in Francia e Gran Bretagna.

La decrittazione dei messaggi cifrati con Enigma fornì per quasi tutta la Seconda guerra mondiale importantissime informazioni alle forze alleate, e fu uno dei passi che contribuì alla vittoria degli Alleati.

Scatola con sei rotori di ricambio.
Esemplare al Deutsches Museum

10.3 Il Cifrario di Vernam

Il cifrario di Vernam è un sistema crittografico basato anch'esso sul cifrario di Vigenère, al quale aggiunge il requisito che la chiave di cifratura è lunga quanto il testo e non è riutilizzabile.

Questo cifrario viene spesso chiamato OTP, acronimo per l'inglese One Time Pad (OTP), letteralmente "blocco monouso", ed è stato sviluppato tenendo in considerazione i punti vulnerabili del codice di Vigenère messe in luce da Kasiski. Si arrivò alla conclusione che queste debolezze del codice si potevano superare cambiando frequentemente la chiave e scegliendo chiavi molto lunghe, tali da "coprire" qualunque messaggio si prevedesse di trasmettere; inoltre, per rendere ancora più sicuro questo metodo, le chiavi potevano essere generate come sequenze di lettere, senza alcuna struttura linguisticamente significativa.

Ad inventarlo fu G.S. Vernam, e si tratta di uno dei più potenti metodi di crittografia. Affinché funzionasse correttamente, la chiave doveva essere una sequenza casuale di caratteri ed avere una lunghezza uguale o superiore al testo in chiaro. Così facendo era quasi impossibile decifrare il testo criptato, sebbene fosse nell'utilizzo pratico un procedimento molto scomodo e lungo. Questo sistema fu utilizzato durante la Guerra Fredda fra i Presidenti USA-URSS.

Qual è il suo funzionamento?

Il cifrario di Vernam prevede l'edizione tipografica di blocchi cartacei uguali, tipo un calendario a strappo, con un foglio per ogni giorno, sui quali sono stampate lunghe sequenze di caratteri casuali.

Mittente e destinatario possiedono ciascuno un blocco, da custodire segretamente in quanto il blocco riporta l'insieme delle chiavi da utilizzare giorno dopo giorno. Il motivo di questo tipo di implementazione era dovuto al fatto che questo cifrario era utilizzato prevalentemente per le comunicazioni con le spie, che venivano equipaggiate di taccuini contenenti una lunga chiave per ogni pagina, da poter strappare e gettare una volta utilizzata.

La sua forma più classica, come abbiamo detto, è quella in cui la chiave ha la stessa forma del testo (a ogni lettera viene associato il numero corrispondente A=0 B=1 C=2) e che sfrutta l'operazione di somma circolare (quella per cui dopo la lettera Z c'è di nuovo la lettera A, quindi A+C=0+2=2=C, B+C=1+2=3=D, Z+C=25+2=27->1=B, Z+Z=25+25=50->24=Y).

Questo è un esempio del suo utilizzo secondo lo schema menzionato qui sopra:

Testo in chiaro	C I A O
Chiave	A J R F
Testo cifrato	C R R T

Un testo completo cifrato, assumeva la forma seguente:

```
CIHJT UUHML FRUGC ZIBGD BQPNI PDNJG LPLLP YJYXM
DCXAC JSJUK BIOYT MWQPX DLIRC BEXYK VKIMB TYIPE
UOLYQ OKOXH PIJKY DRDBC GEFZG UACKD RARCD HBYRI
DZJYO YKAIE LIUYW DFOHU IOHZV SRNDD KPSSO JMPQT
MHQHL OHQQD SMHNP HHOHQ GXRPJ XBXIP LLZAA VCMOG
AWSSZ YMFNI ATMON IXPBY FOZLE CVYSJ XZGPU CTFQY
HOVHU OCJGU QMWQV OIGOR BFHIZ TYFDB VBRMN XNLZC
```

Probabilmente l'apice del modello di cifratura a chiave infinita è stato raggiunto durante la guerra fredda. Il sistema si basava su di un cifrario di parole rappresentato da numeri a 4 cifre, accorpate poi in gruppi di cinque cifre e sommate ad un numero casuale.

Se l'ultimo gruppo di accorpamento a cinque cifre non era completo (cioè aveva meno di 5 cifre), la sequenza doveva essere completata a destra con degli zeri (es. 123 => 12300).

Facciamo un esempio:

Cifrario 1024 = cane, 1056 = gatto, 2345 = lavoro, (spazio bianco) = 3000, (punto) = 4000, e così via.

Il cifrario era a disposizione sia del ricevente che del mittente, così come la sequenza dei numeri casuali utilizzati, i quali venivano tabulati su pagine numerate e il primo gruppo di cifre del codice cifrato trasmesso rappresentava proprio i numeri di pagine e dunque la sequenza dei numeri casuali.

In tutto il processo è fondamentale, come detto, utilizzare una ed una sola volta una data sequenza di numeri casuali per cifrare i messaggi.

L'unico modo per decifrare il messaggio per l'avversario era quindi quello di impadronirsi della chiave; per questo motivo il Codice di Vernam era il primo sistema crittografico a chiave simmetrica totalmente sicuro.

Nel 1949 Claude Shannon pubblicò la prima dimostrazione matematica dell'inviolabilità del Codice di Vernam, che, essendo l'unico sistema crittografico la cui sicurezza fosse comprovata da una dimostrazione, si è guadagnato il titolo di cifrario perfetto.

Questo schema, all'apparenza perfetto, risulta tuttavia di difficile realizzazione. Ciò è dovuto al fatto che esso presenta diversi problemi pratici che non sono facili da risolvere. Innanzi tutto dobbiamo dire che una comunicazione abbastanza massiccia tramite l'uso del codice One Time Pad necessiterebbe di una chiave di dimensioni spropositate, e questo aggraverebbe ancora di più il problema dello scambio delle chiavi tra mittente e destinatario.

Altro inconveniente di questo sistema è dato dal fatto che la chiave utilizzata dovrebbe essere generata in maniera totalmente casuale, cosa anche oggi praticamente impossibile, infatti, sappiamo che i generatori di numeri casuali, ad esempio, sono in realtà detti pseudocasuali in quanto generano numeri con proprietà non del tutto casuali.

10.4 Il cifrario di Hill

Lester S. Hill era un matematico americano vissuto tra il 1891 e il 1961. Tra i suoi più notevoli contributi c'è senz'altro il cifrario di Hill sviluppato nel 1929, di cui parleremo in questo paragrafo. Ha anche sviluppato dei metodi matematici per rilevare errori nei numeri di codice che venivano telegrafati, essendo interessato alle applicazioni della matematica alle comunicazioni.

Arriviamo ora a parlare del cifrario di Hill. Non sarà cosa semplice rimanere nell'alveo della storia della crittografia senza sconfinare nella parte strettamente tecnica, visto che si tratta di un procedimento matematico.

Cercherò comunque di limitare al massimo il nozionismo tecnico, anche perché non è questa la sede giusta per farlo, visto che lo scopo di questo libro è quello di fare un percorso storico della crittografia spiegando anche il funzionamento dei sistemi, senza però entrare nello specifico tecnico. Per quello ci sono i manuali di crittografia, per chi ovviamente volesse approfondire le questioni.

Iniziamo col dire che la maggior parte dei cifrari attuali agisce su blocchi del messaggio, ossia, si prende una porzione del messaggio di dimensione fissata, un blocco, per l'appunto, e lo si modifica usando la chiave e tutte le informazioni del blocco, fino ad ottenere un nuovo blocco in cui ogni singola informazione dipende da tutti i dati del blocco in ingresso.

Un esempio di cifrario a blocchi è il cifrario di Hill. Esso ha anche l'importanza storica di essere stato il primo cifrario basato interamente su operazioni matematiche: i cifrari visti finora usavano solo sostituzioni e trasposizioni delle lettere.

Nella crittografia classica, il Cifrario di Hill è un cifrario a sostituzione polialfabetica basato sull'algebra lineare, ed è stato il primo cifrario polialfabetico in cui era possibile nella pratica operare con più di 3 simboli alla volta.

Per poter illustrare il cifrario di Hill è necessario usare la notazione delle matrici, e ciò presuppone di entrare nei dettagli dell'algebra lineare, cosa che non faremo.

Le matrici sono ampiamente usate in matematica e in tutte le scienze per la loro capacità di rappresentare in maniera utile e concisa diversi oggetti matematici, come valori che dipendono da due parametri o anche sistemi lineari, cosa, quest'ultima, che le rende uno strumento centrale dell'analisi matematica.

Semplificando al massimo e banalizzando le nozioni sulla cifratura di Hill, diciamo che ogni lettera è per prima cosa codificata in numero. Lo schema usato più di frequente è semplicemente: A = 0, B = 1, ..., Z = 25, ma questa non è una caratteristica essenziale del cifrario.

Un blocco *n* di lettere è quindi considerato come uno spazio vettoriale di dimensione *n*, e moltiplicato per una matrice *n* x *n*, modulo 26. L'intera matrice è considerata la chiave del cifrario e deve essere casuale, a patto che sia invertibile.

Il calcolo è dato dalla moltiplicazione *matrice × testo in chiaro*. Dopo aver effettuato questo calcolo, al risultato si toglie il modulo, in questo caso 26, tante volte quante ne servono per avere come differenza un numero inferiore del modulo stesso e che dia, quindi, come risultato una lettera ben definita.

In buona sostanza, il testo in chiaro viene diviso in gruppi di *n* lettere, queste vengono a loro volta convertite in numeri da 0 a 25, ed ogni gruppo viene moltiplicato, righe per colonne, per una matrice segreta *n×n* che costituisce la chiave del cifrario. Per decifrare si userà la matrice inversa.

Per quanto riguarda infine la sicurezza, dobbiamo sostenere che sfortunatamente il cifrario di Hill nella sua versione di base è vulnerabile in quanto è completamente lineare.

Un avversario che intercetti n^2 coppie di caratteri in chiaro e cifrati può impostare un sistema lineare che può, di solito, essere risolto facilmente; può capitare che il sistema sia indeterminato, ma in questo caso basta aggiungere alcune altre coppie di caratteri in chiaro e cifrati per poterlo risolvere.

Calcolare la soluzione con un algoritmo standard di algebra lineare richiede poco tempo.

10.5 Sigaba

Già da prima della Seconda guerra mondiale i crittografi statunitensi erano consapevoli che il movimento meccanico a fase singola delle macchine a rotori poteva essere utilizzata per "attaccare" i codici nemici.

Nel caso della più celebre macchina Enigma, questi attacchi erano stati pensati per agire attraverso i movimenti periodici dei rotori di Enigma, in posizioni casuali, una per ogni nuovo messaggio. Essi, come abbiamo già detto, non potevano essere realmente casuali, e per questo la macchina Enigma fu attaccata con relativa facilità, anche se a guerra già iniziata.

William Friedman, direttore del "Signals Intelligence Service" dell'Esercito degli Stati Uniti, ideò un sistema per correggere questi attacchi con un reale movimento dei rotori casuale. Le sue modifiche consistevano in un nastro perforato letto da una telescrivente unita ad un piccolo dispositivo con delle parti metalliche sensibili al passaggio di corrente attraverso i fori.

Quando una lettera veniva premuta sulla tastiera il segnale veniva inviato attraverso i rotori, proprio come la macchina Enigma, producendone una versione criptata. Inoltre, la corrente attraversava la macchina fino al dispositivo del nastro perforato e passava in ogni buco, facendo in questo modo ruotare il rotore nella posizione rispettiva e facendo avanzare il nastro di una posizione.

Il collega di Friedman, Frank Rowlett, ideò un modo alternativo per l'avanzamento dei rotori, utilizzando un altro set di rotori. Nel progetto di Rowlett, ogni rotore doveva essere costruito in modo che venissero generati contemporaneamente da uno a quattro segnali di output, ruotando, quindi, una o più volte i rotori. Considerate che di norma i rotori hanno un output per ogni input.

Prima della guerra venivano impiegate poche risorse economiche nello sviluppo della crittografia, così Friedman e Rowlett si ingegnarono nella costruzione di una serie di dispositivi aggiuntivi, chiamati i SIGGOO.

Nel 1935, Friedman e Rowlett mostrarono il loro lavoro ad un crittografo dell'OP-20-G (Office of Chief Of Naval Operations (OPNAV)) della Marina, Joseph Wenger, il quale ne provò qualche interesse solo più tardi, nel 1937, quando mostrò la macchina al comandante Laurence Safford, la controparte di Friedman all'Office of Naval Intelligence della Marina. Safford riconobbe immediatamente il potenziale della macchina, ed assieme al comandante Seiler aggiunse alcune peculiarità per rendere la macchina più facile da costruire, giungendo così all'Electric Code Machine Mark II (ECM Mark II).

Stranamente, l'Esercito non seppe nulla delle nuove modifiche e della messa in produzione di questi sistemi, in quanto i due lavorarono in segreto fino al 1940. Poi, nel 1941, una volta resa palese la loro macchina, l'Esercito e la Marina si unirono per un sistema crittografico unificato, basato proprio su quella macchina. L'Esercito iniziò così ad usarla con il nome di SIGABA.

Foto di pubblico dominio della SIGABA (ECM Mk II) reperibile su: http://www.hnsa.org/doc/crypto/ecm/index.htm.

SIGABA era molto simile alla macchina Enigma, in quanto utilizzava una serie di rotori per cifrare ogni carattere del testo originale in un carattere cifrato. Tuttavia, a differenza di Enigma che utilizzava tre rotori, SIGABA ne includeva quindici e non usava un rotore riflettente.

Ma vediamo come era fatta al suo interno.

SIGABA era composta da tre gruppi di cinque rotori ciascuna, dove l'azione di due gruppi controllava la fase del terzo. I cinque rotori del gruppo principale venivano chiamati rotori cifranti e ciascuno era composto da 26 contatti. Questi agivano alla stessa maniera delle altre macchine a rotori, come l'Enigma per esempio;

quando una lettera era data in input, un segnale veniva inviato in uno dei rotori che era situato ad un estremo del gruppo dei cinque, ed usciva dal rotore dell'altro estremo, il quale dava in output a questo punto una lettera cifrata.

I cinque rotori facenti parte del secondo gruppo furono chiamati rotori di controllo, collegati anch'essi con 26 contatti. I rotori di controllo ricevevano quattro segnali ad ogni fase. Dopo essere passati attraverso i rotori di controllo, gli output venivano divisi in dieci gruppi di varie dimensioni, da uno a sei. Ogni gruppo corrispondeva ad un input per il gruppo di rotori successivo.

Arriviamo a parlare dei rotori del terzo gruppo, chiamati rotori d'indice. Questi rotori erano più piccoli con solo 10 contatti e non avevano fasi durante la cifratura.

Dopo essere passato attraverso i rotori d'indice, da uno a quattro delle cinque righe di output, venivano restituite proprio in output. I rotori d'indice poi ruotavano i rotori cifranti e il sistema ripartiva da capo.

Dal punto di vista delle misure e della sua struttura, c'è da dire che SIGABA era abbastanza larga, pesante, difficile da usare, meccanicamente complessa e fragile. In pratica, non poteva essere un sistema che potesse essere utilizzato facilmente come la macchina Enigma, che era più piccola e leggera, oltre al vantaggio di poter essere usata anche con le radio campali. SIGABA ebbe sicuramente un uso diffuso nelle sale radio delle navi della Marina, ma in virtù proprio dei suoi problemi pratici di peso ed ingombro, non poteva essere certamente utilizzata in maniera mobile su di un campo di battaglia, per cui nella maggior parte dei teatri di guerra vennero impiegati altri sistemi, specialmente per le comunicazioni tattiche.

Il più famoso di questi fu l'uso dei "code talker" dei Navajo che diedero un contributo nelle comunicazioni tattiche sul campo soprattutto sul fronte del Pacifico, a partire dalla battaglia di Guadalcanal.

In altri teatri d'operazione furono impiegate macchine meno sicure ma più piccole, leggere, maneggevoli e resistenti, come la C-38. SIGABA, quindi, data la sua mole ed il so peso, era pressoché impossibile da impiegare per le comunicazioni tattiche sul campo.

10.6 La macchina Purple

Arriviamo ora a parlare di una macchina cifrante ideata dai giapponesi intorno al 1930. Si trattava di un sistema che presentava delle novità significative rispetto alle altre macchine che erano allora in uso. Primo tra tutti, il fatto che anziché utilizzare solo i classici rotori come avveniva nella macchina Enigma, si usavano gli "switch"[21] di tipo telefonico, in modo da rendere meno prevedibile la rotazione dei rotori.

Questa macchina, conosciuta con il nome di Purple, funzionava in questo modo: divideva l'alfabeto di 26 caratteri in due gruppi distinti, di cui uno di venti lettere e l'altro di sei. Prima di sottoporre

---

[21] Uno switch telefonico è in sostanza uno "scambiatore", o detto anche commutatore, che agisce come una "presa multipla", ma anche di più, e permette di connettere più dispositivi telefonici tra loro

il messaggio alla cifratura meccanica, il testo in lingua giapponese veniva prima convertito dai crittografi nei caratteri dell'alfabeto latino. Poi, dopo la cifratura con Purple, il messaggio poteva essere trasmesso via radio.

La macchina cifrante giapponese PURPLE
http://www.nsa.gov/public/publi00007.cfm
(Foto di pubblico dominio)

I giapponesi, come del resto succedeva anche in Occidente per tutti i creatori di macchine cifranti, erano convinti che la macchina fosse inattaccabile, ma purtroppo non fu così. Il SIS (Signal Intelligence Service), il servizio di decrittazione dell'esercito statunitense, guidato dal colonnello William Friedman, egli stesso crittologo, come abbiamo visto precedentemente in questo capitolo, riuscì a decrittare per la prima volta un messaggio criptato da Purple nel settembre del 1940, dopo aver ideato e realizzato un'apposita macchina, Magic, che consentiva di simulare sistematicamente le operazioni inverse della Purple.

In effetti, questa macchina consentì agli americani, ad esempio, di vincere la Battaglia delle Midway, i quali riuscirono a conoscere fin nei dettagli i piani dell'esercito nipponico.

L'opinione di alcuni storici è che gli americani fossero già a conoscenza anche dell'attacco di Pearl Arbour, ma decisero di non impedirlo, forse per convincere l'opinione pubblica della necessità dell'entrata in guerra. Una teoria più prudente, invece, sostiene che gli Americani erano venuti a conoscenza che il Giappone stava per attaccare, ma non sapevano dove.

Sta di fatto che al momento dell'attacco nella baia di Pearl Harbour non c'era nemmeno una portaerei e, in definitiva, furono affondate solo alcune navi vecchie e di importanza non fondamentale per la guerra.

Alla fine del conflitto finalmente il gen. Marshall ammise che in molti casi di importanza non vitale gli alleati dovettero fingere di non conoscere i messaggi cifrati nemici, anche al costo di perdite umane, tale era il timore che tedeschi e giapponesi si accorgessero che i loro cifrari venivano sistematicamente decrittati.

10.7 La cifra Pollux

Abbiamo visto che in passato una delle possibilità per comunicare in maniera crittografata, molto usata nell'Ottocento, ed anche durante la Seconda guerra mondiale, quando era il telegrafo il principale mezzo di trasmissione, era quella di partire dal codice Morse e quindi cifrare i punti e le linee di questo codice.

Questo era in sostanza la Cifra Pollux.

Vediamo il suo funzionamento.

La cifra Pollux faceva uso del codice Morse che, come è noto, prevedeva solo tre simboli: punto, linea e spazio. Ognuno di questi simboli veniva poi cifrato con un sistema di sostituzione con omofoni.

Usando le dieci cifre come omofoni, la cifra si riduceva a una lista cifrante e a una lista decifrante, come ad esempio quelle riportate a qui sotto.

Lista cifrante		
Punto	.	2,3,8,9
Linea	-	1,4,7
Spazio	+	0,5,6

Lista decifrante			
0	+	5	+
1	-	6	+
2	.	7	-
3	.	8	.
4	-	9	.

Per esempio, usando la lista qui sopra, la frase "Inviare provviste" si cifra:

Chiaro	I N V I A R E P R O V V I S T E
Morse	..+-.+...-+..+.-+.-.+.+.--.+.-.+---+...-+...-+..+...+-+.
Cifrato	
236190388458959469420352771624801715933468827099623 25103	

Per ottenere una maggior sicurezza, potevano essere utilizzati come omofoni anche le lettere dell'alfabeto.

10.8 Il cifrario VIC

Il cifrario VIC è un cifrario che può essere definito del tipo "carta e penna" ed era stato utilizzato dalla spia sovietica Reino Häyhänen, il cui nome in codice era "VICTOR". Al momento della sua scoperta era senz'altro il più complesso cifrario implementato manualmente. Si trattava di qualcosa mai visto prima, erano le conclusioni dell'analisi iniziale fatta dall'NSA nel 1953, le quali non indicavano in alcun modo che esso potesse essere un cifrario manuale, se non per il fatto di averlo ritrovato in una monetina cava da 5 centesimi. Ciò lasciò supporre che potesse essere risolto con il semplice uso di carta e penna.

Il cifrario VIC rimase praticamente inviolato fino a quando non fu lo stesso Häyhänen a fornire maggiori informazioni sulla sua struttura. Infatti, anche se non così complessi o sicuri come i più recenti cifrari digitali utilizzabili sui moderni computer, i messaggi scritti con il cifrario VIC in pratica resistettero a tutti i tentativi di crittoanalisi condotti dall'NSA dal 1953 al 1957, anno in cui Häyhänen tradì il suo Paese e chiese asilo politico al governo statunitense.

Il cifrario VIC può essere definito come la massima evoluzione dei cosiddetti cifrari nichilisti, che erano simmetrici ed eseguiti inizialmente a mano, ed erano utilizzati dai Nichilisti Russi intorno al 1880 per organizzare attacchi terroristici contro il potere degli zar.

Esso contiene alcuni componenti molto interessanti, tra cui una catena di addizioni in modulo 10, si tratta di un generatore di Fibonacci[22] ritardato, una formula ricorsiva utilizzata per generare una sequenza di cifre pseudocasuali.

Aveva inoltre una scacchiera a diffusione per convertire le lettere del testo in chiaro in numeri ed un cifrario a trasposizione doppia disturbato. Fino alla scoperta del cifrario VIC, si riteneva che la sola trasposizione doppia fosse il più complesso cifrario che un agente potesse utilizzare sul campo.

Durante la Seconda guerra mondiale, diversi gruppi spionistici sovietici comunicavano con il quartier generale di Mosca

---

[22] Leonardo Pisano detto il Fibonacci è stato un matematico italiano. È considerato uno dei più grandi matematici di tutti i tempi. È conosciuto per la successione di Fibonacci (detta anche successione aurea), che in matematica indica una successione di numeri interi in cui ciascun numero è la somma dei due precedenti, eccetto i primi due.

utilizzando due cifrari che possiamo definirli come l'evoluzione del primo cifrario nichilista. Una versione molto robusta fu utilizzata da Max Clausen, che faceva parte della rete di spionaggio di Richard Sorge in Giappone, e da Alexander Foote della rete di spionaggio denominata Lucy, operante in Svizzera.

Una variante più debole, inoltre, fu usata dalla rete di spionaggio Orchestra Rossa.

L'ultima versione fu proprio il cifrario VIC, utilizzato negli anni cinquanta da Reino Häyhänen, Mikhail Nikolaevich Svirin, Vilyam Genrikhovich Fisher ed altre spie sovietiche.

Per darvi un'idea, la scacchiera a diffusione del cifrario VIC appariva in questo modo:

```
0 1 2 3 4 5 6 7 8 9
E T   A O N   R I S
2 B C D F G H J K L M
6 P Q / U V W X Y Z .
```

La prima riga veniva riempita con le 8 lettere più frequenti in lingua inglese (AEINORST) più 2 caselle lasciate in bianco; non aveva numerazione di riga. La seconda e la terza riga venivano numerate con le due cifre che, nella prima riga, corrispondevano a caselle vuote (nell'esempio, "2" e "6"), e poi riempite con il resto delle lettere dell'alfabeto.

Questa operazione poteva essere resa più casuale utilizzando una parola chiave, o semplicemente fatta ordinatamente.

Dato che ci sono 30 caselle nella griglia, e che le lettere dell'alfabeto inglese sono 26, avanzano 4 caselle: 2 sono lasciate bianche nella prima riga, mentre le altre 2 sono o lasciate in bianco oppure riempite con caratteri casuali. La cosa non aveva molta importanza: l'importante era che sia il mittente che il destinatario si accordassero sullo schema da utilizzare.

Per cifrare una lettera, questa veniva semplicemente sostituita da un numero: se la lettera apparteneva alla prima riga, si usava solo il numero della colonna corrispondente, mentre se apparteneva alle altre due righe, veniva utilizzato il numero formato dalla cifra indicante la riga e da quella indicante la colonna.

Ad esempio:

A	T	T	A	C	K	A	T	D	A	W	N
3	1	1	3	21	27	3	1	22	3	65	5

Il messaggio risultante, 3113212731223655, poteva essere spedito già così (se la griglia era stata impostata con una parola chiave) oppure poteva subire un ulteriore livello di cifratura, come ad esempio aggiungere l'uso di una trasposizione o una sostituzione.

Nella pagina successiva viene mostrato il caso dell'aggiunta di un numero segreto (nell'esempio, 0452) con un'addizione senza resto:

```
  3 1 1 3 2 1 2 7 3 1 2 2 3 6 5 5
+ 0 4 5 2 0 4 5 2 0 4 5 2 0 4 5 2
= 3 5 6 5 2 5 7 9 3 5 7 4 3 0 0 7
```

Il risultato veniva ripassato nella griglia per riportarlo a lettere:

```
3  5  65 25  7  9  3  5  7  4  3  0  0  7
A  N  W  H   R  S  A  N  R  O  A  E  E  R
```

La decifratura era semplicemente l'inverso di questo procedimento. Anche se la dimensione dei gruppi poteva variare, la decifratura era comunque unica perché quando l'elemento successivo da decifrare iniziava con "2" o con "6" era una coppia di cifre, mentre in tutti gli altri casi era una cifra singola.

10.9 La macchina Lorenz

La macchina Lorenz, nota anche come Lorenz SZ40/42, chiamata dai decifratori inglesi il "tonno", fu realizzata dalla ditta tedesca Standard Elektrik Lorenz AG su specifica richiesta delle autorità militari del Terzo Reich, affinché andasse ad integrare la macchina Enigma, fungendo da telescrivente per le comunicazioni coperte da segreto.

I tedeschi cercarono in qualche modo di semplificare il processo di cifratura, e c'è da dire che la macchina Lorenz sviluppò un'appendice al sistema di cifratura che era in uso allora.

Questa telescrivente utilizzava il già conosciuto Codice Baudot di 5 bit il quale consentiva la rappresentazione di 32 segni differenti fra loro. Infatti, la rappresentazione binaria era particolarmente adatta all'utilizzo di una codifica con chiave casuale.

I tecnici tedeschi chiamarono il nuovo apparato Schlüsselzusatz Lorenz SZ40 (e le successive versioni SZ42 e SZ42a). Il vantaggio evidente di questo sistema era che il mittente inseriva il testo in chiaro ed il destinatario lo riceveva anche lui già in chiaro tramite un apparato Lorenz predisposto come ricevente.

La cifratura e decifratura, dunque, avveniva all'interno della macchina senza l'intervento degli operatori. Tuttavia, Lorenz era troppo ingombrante e pesante per rimpiazzare totalmente Enigma, e quindi fu utilizzato solo per il traffico radio destinato ai livelli gerarchici più elevati.

Lorenz SZ42
Foto di pubblico dominio

Vediamo ora quale era il suo funzionamento.

Lorenz SZ42 utilizzava 12 rotori con pioli disposti in posizione casuale, i quali chiudevano o aprivano un circuito elettrico a seconda della loro posizione.

Il primo gruppo di cinque cilindri con le suddivisioni 41-, 31-, 29-, 26-, 23- generavano la cifratura di Vernam in codice di 5 bit, già vista in precedenza.

Ogni cilindro, poi, avanzava di un passo ad ogni singola cifratura. Il secondo gruppo con le suddivisioni 43-, 47-, 51-, 53- e 59- era trascinato al passo della cifratura di Vernam, generando bit in sequenza pseudo-casuale che, prima della trasmissione, venivano posti in XOR[23] con quelli del testo cifrato.

Due rotori soli provvedevano all'avanzamento casuale. Il cilindro con periodicità 61 muoveva il primo gruppo di cilindri e conduceva il secondo cilindro con periodicità 37, il quale a sua volta guidava il secondo gruppo.

Tutti i cilindri potevano essere provvisti di pioli a scelta. La posizione iniziale regolabile dei cilindri consentiva una chiave personale. La chiave aveva una periodicità superiore a 1019.

La decrittazione al ricevimento avveniva sfruttando la proprietà della funzione binaria XOR: la ricostruzione del testo cifrato avveniva sottoponendo il flusso di caratteri in arrivo ad operazione XOR con lo stesso flusso di caratteri binari generato in sede di cifratura. Ciò comportava tuttavia un problema operativo non indifferente, ossia, le operazioni di decifratura della macchina del destinatario, contemporanee a quelle di cifratura della macchina

---

[23] L'operatore XOR, detto anche OR esclusivo o somma modulo 2, restituisce 1 se e solo se il numero degli operandi uguali a 1 è dispari, mentre restituisce 0 in tutti gli altri casi. La tabella rappresenta il caso in cui gli operatori siano 2, poi in generale ci si riferisce a questo operatore come operatore di disparità.

A	B	A XOR B
0	0	0
0	1	1
1	0	1
1	1	0

del mittente, dovevano avvenire in perfetta sincronia con quelle di quest'ultima. La perdita di sincronismo determinava l'impossibilità di decifratura in quanto veniva ricevuta una sequenza di caratteri priva di senso.

Sul ponte-radio Vienna-Atene della Wehrmacht, in funzione dal 1941, ancora durante la fase sperimentale della macchina Lorenz, fu inviato uno stesso messaggio di circa 4.000 caratteri per ben due volte, uno poco tempo dopo l'altro messaggio, cifrato con la medesima posizione iniziale dei cilindri-chiave.

Il destinatario aveva chiesto di ritrasmettere il messaggio poiché la parola iniziale SPRUCHNUMMER era stata sostituita con SPRUCHNR. Questo grave errore di un radiotelegrafista, commesso già all'inizio, doveva diventare decisivo per la futura violazione del sistema di cifratura Lorenz.

Una menzione merita anche la tele-cifratrice T52 della Siemens, che era descritta ampiamente nel documento del brevetto che era in possesso anche degli inglesi. Questa macchina operava in modo analogo alla macchina Lorenz. John Tiltman, capo dei decifratori di Bletchley Park, riuscì dopo settimane di lavoro a risalire al testo in chiaro.

Dai due testi intercettati egli ricostruì le differenze e cercò di inserire le parole più probabili. Con questo procedimento riuscì a ricostruire la chiave di quattromila parole e quindi la struttura interna della macchina Lorenz SZ42.

Nel gennaio 1942 la struttura generale della macchina Lorenz era ormai chiara e palese, comprese le posizioni dei pioli sui rotori. Si dovevano solamente ancora scoprire le giuste posizioni iniziali dei rotori.

La violazione manuale dei codici durava normalmente, nel 1943, circa quattro giorni ed in quel lasso di tempo le informazioni risultavano ormai superate e spesso inutilizzabili e inefficaci, perciò si cercò di meccanizzare il procedimento.

La macchina con la quale si riuscì a risolvere il problema fu Colossus, che dal febbraio 1944 consentì di operare con successo nella rapida decifratura dei messaggi trasmessi tramite la Lorenz SZ42.

Conclusione

Siamo giunti in conclusione di questo viaggio avvincente alla scoperta delle tecniche crittografiche del passato. Ciò che colpisce di più percorrendo la storia dei vari sistemi è proprio la necessità, direi vitale, che si è avuto di proteggere le proprie comunicazioni e cercare di attaccare quelle altrui. Abbiamo visto, inoltre, come in passato molte guerre e battaglie siano state vinte proprio in virtù del possesso di ottimi sistemi di crittografia e delle capacità elevate di crittoanalisi dei sistemi altrui.

Le tecniche odierne di crittografia, sebbene si basino su elementi matematici, funzioni ed algoritmi vari, tuttavia non esulano dal concetto intrinseco della crittografia del passato, ossia quello di garantire alle proprie comunicazioni un certo grado di sicurezza, di confidenzialità ed infine di integrità dei dati stessi.

Anche oggi, come era in passato, la crittoanalisi è un'attività molto fiorente, soprattutto per quello che concerne lo spionaggio industriale, la sicurezza sociale, i motivi commerciali, e per qualsiasi altra ragione per cui si rende necessario acquisire informazioni altrui. Ovviamente c'è da considerare che la crittoanalisi dei dati altrui è quasi sempre una pratica illegale perché viola la privacy altrui, a meno che non sia operata da personale autorizzato dalla Magistratura o effettuato per mano o per conto delle Forze dell'Ordine.

Ringrazio ancora una volta i lettori che si sono avventurati con me in questo viaggio a dir poco entusiasmante.

Bibliografia/Sitografia

L.B. ALBERTI, *Dello scrivere in cifra*, a cura di A. Buonafalce, Torino, Galimberti Tipografi Editori, 1994

L.B. ALBERTI, *De Componendis Cyfris*, edizione critica a cura di A. BUONAFALCE, Torino, Galimberti Tipografi Editori, 1998

N. AMATO, *La steganografia da Erodoto a Bin Laden*, Independently published su Amazon, 2016

N. AMATO, *La sicurezza delle informazioni nel contesto evolutivo del binomio comunicazione-informatica*, Independently published su Amazon, 2018

P. BARAVELLI, *Dizionario per corrispondenze in cifra*, Roma-Firenze, Tipografia Gazzetta d'Italia, 1873

F.L. BAUER, *Decrypted Secrets, Methods and Maxims of Cryptology*, Berlin, Springer, 2007

G.B. BELLASO, *Il vero modo di scrivere in cifra*, Brescia, L. Britannico, 1564 , eBook

G.B. BELLASO, *La cifra del sig. Giovan Battista Bellaso, gentiluomo bresciano*, Venezia, 1553, eBook

G.B. BELLASO, *Noui et singolari modi di cifrare de l'eccellente dottore di legge messer Giouan Battista Bellaso nobile bresciano, con le sue regole & essempi con somma & chiara breuità composti,* Brescia, L. Britannico, 1555, eBook

G. BO, *L'alfabeto carbonaro e gli altri linguaggi cifrati*, (disponibile su sito Web sottostante)

P. BONAVOGLIA, *La Crittografia da Atbash a RSA,* (disponibile su sito Web sottostante www.crittologia.eu)

A. BUONAFALCE, *Bellaso's Reciprocal Ciphers*, in "Cryptologia" (30)1, gennaio 2006, pp. 39-51

A. BUONAFALCE, *Giovan Battista Bellaso e le sue cifre polialfabetiche*, Lerici, 1997

F. DELASTELLE, *Traité Élémentaire de Cryptographie*, Paris, Gauthier-Villars, 1902

C. GIUSTOZZI, A. Monti, E. Zimuel, *Segreti, spie, codi[ci]frati*, Milano, Apogeo, 1999

R. GRAVES, *Io, Claudio,* Corbaccio, 2012

J.P. GREEN, *A new gloss on Hildegard of Bingen's Lingua ignota*, Viator, 36, 2005

HARGRAVE'S *Communications Dictionary*, Wiley, Hoboken, 2001.

D. KAHN, *La Guerra dei Codici. La storia dei codici segreti*, Mondadori, 1969

M. LLOYD, *The Guinness Book of Espionage*, Da Capo Press, 1994

L. LO RUSSO, E. Bianchi, *Sistemi e reti*, Nuova Edizione OPENSCHOOL, Ulrico Hoepli Editore. 2014

A. MENGARINI, *Nuovo Cifrario Mengarini*, Roma, Fratelli Bocca, 1898

D. MUSTI a cura di, *Polibio, Storie,* Milano, BUR, 1993

L. PASINI, *Delle scritture in cifra usate nella Repubblica di Venezia*, Venezia, Naratovich, 1872

L. SACCO, *Manuale di Crittografia*, IV edizione, a cura di P. Bonavoglia, Apogeo, 2014

L. SACCO, *Un primato italiano: la Crittografia nei secoli XV e XVI*, Roma, 1958

A. SGARRO, *Codici segreti*, Milano, Oscar Mondadori, 1989

S. SINGH, *Codici e segreti,* BUR saggi, 2002

M. STAMP, W.O. CHAN, "*SIGABA: Cryptanalysis of the Full Keyspace*", Cryptologia (31)3, luglio 2007

J.G. URGELLÉS, *Matematici, spie e pirati informatici,* RBA Italia, 2013

C. B. F. WALKER, *La scrittura cuneiforme,* Roma, Salerno editore, 2008

D. WHITEHEAD, *Aineias the Tactician. How to Survive under Siege,* Oxford, 1990

AA.VV., *L'art du secret*, Dossier Pour la Science no 36, juillet/octobre 2002

-----æ-----

- http://www.nsa.gov/about/photo_gallery/ (ultima visita il 29/01/2019)

- http://www.crittologia.eu/ (ultima visita il 07/10/2019)

- https://www.zerounoweb.it/techtarget/searchdatacenter/la-crittografia-quando-nasce-come-funziona-perche-e-alleata-della-sicurezza-informatica/ (ultima visita il 29/01/2019)

- http://gnosis.aisi.gov.it/ (ultima visita il 30/01/2019)

- https://amslaurea.unibo.it/2571/1/giberti_chiara_tesi.pdf (ultima visita il 30/01/2019)

- http://www.crittografia.altervista.org (ultima visita il 07/10/2019)

- http://www.danielepalladino.it/ (ultima visita il 31/01/2019)

- http://www.archiviodistatovenezia.it (ultima visita il 02/02/2019)

- http://www.giorgio.busoni.it (ultima visita il 05/02/2019)

- http://www.antiqua.altervista.org (ultima visita il 05/02/2019)

- http://utenti.quipo.it/base5/combinatoria/alfacarbonaro.htm (G. Bo) (ultima visita il 06/02/2019)

Informazioni sull'autore

 É sempre difficile descrivere se stessi, forse perché ci si vede sempre da una sola angolazione. Si rischia pertanto di essere troppo faziosi, sia in negativo che in positivo. Io poi, sono sempre un poco restìo a parlare di me stesso, chiuso probabilmente in quella gabbia culturale fatta di riservatezza e discrezione o, come dicono gli anglofoni, "low profile".

Comprendo comunque che si rende necessario farlo in questo contesto, in quanto è giusto e corretto nei confronti dei lettori far sapere loro con chi si ha a che fare quando si legge un libro.

Eccomi dunque. Tralasciando gli studi fatti, si tratta di normalissimi corsi universitari e post laurea, approdo alle mie passioni: la comunicazione, la scrittura, il diritto e l'ICT.

Sono scrittore di romanzi e di saggi, tecnologo della comunicazione audiovisiva e multimediale, giurista e sino a pochi anni orsono sono stato anche docente universitario a contratto della materia "Scritture Segrete" presso il corso di laurea in scienze della comunicazione dell'università Insubria di Varese.

A tutt'oggi sono docente universitario a contratto presso la University of Alberta in Canada dove insegno online entrambe le materie: "Database Design for Information Management" e "Metadata".

Grazie per aver posato lo sguardo su questo libro, il quale spero vi sia piaciuto.

Vi invito a visitare la mia pagina Facebook

www.facebook.com/nicola.amato.scrittore

Date un'occhiata anche al mio blog, dove potrete conoscere altri miei lavori letterari, oltre che mettervi in contatto con me:

nicola-amato.blogspot.it

Questi che seguono sono invece i libri che ho pubblicato ultimamente e che potete trovare sia in formato e-book e sia cartaceo sul sito:

www.amazon.it/Nicola-Amato/e/B0058FNDFQ/

Romanzi

- Un amore contrastato
- La Bibbia del Diavolo
- Il mistero del tesoro nascosto
- Stalking letale
- Loschi affari nella ricerca sul cancro: L'apoptosi indotta
- Fenomeni dell'aldilà
- Il clochard
- Il segreto del castello di Copernico

Saggi

- Storia della Crittografia Classica
- L'evoluzione giuridica della responsabilità medica
- Profili giuridici dei reati di falsa testimonianza e di frode processuale
- Come interpretare il linguaggio del corpo durante la fase del corteggiamento
- Come scrivere un romanzo di qualità
- Piero Angela: Come puntare alla più alta soglia dei contenuti con la più semplice soglia del linguaggio
- La steganografia da Erodoto a Bin Laden: Viaggio attraverso le tecniche elusive della comunicazione
- La disciplina giuridica dell'informatica forense nell'era del cloud
- La sicurezza delle informazioni nel contesto evolutivo del binomio comunicazione-informatica

- Manuale della comunicazione multimediale: Come comunicare in maniera efficace con i prodotti multimediali